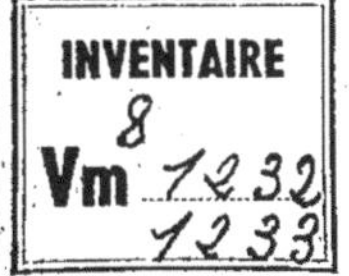

A Mme THÉODORE LACK

COURS ÉLÉMENTAIRE
THÉORIQUE ET PRATIQUE
DES
PRINCIPES DE LA MUSIQUE

PAR
M. SIMON
OFFICIER D'ACADÉMIE

ABRÉGÉ DU COURS COMPLET DES PRINCIPES DE LA MUSIQUE
OUVRAGE ADOPTÉ POUR L'ENSEIGNEMENT AU CONSERVATOIRE DE PARIS
ET DANS TOUS LES CONSERVATOIRES DE PROVINCE

PREMIER LIVRE

Prix net : 1 franc

PARIS
MACKAR & NOEL
ÉDITEURS-COMMISSIONNAIRES
22, PASSAGE DES PANORAMAS, 22
1890

M. N. 072 A.

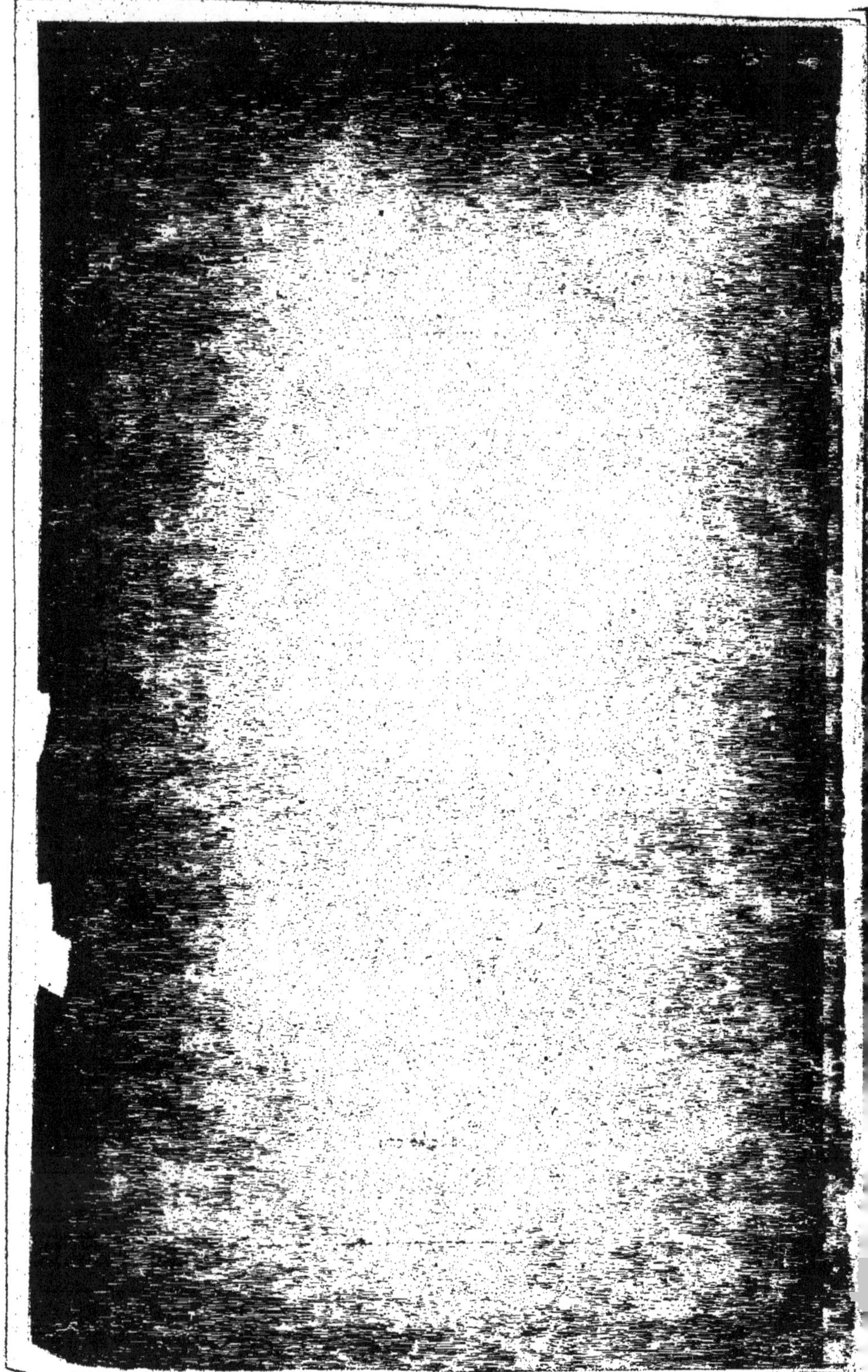

COURS ÉLÉMENTAIRE
THÉORIQUE ET PRATIQUE
DES
PRINCIPES DE LA MUSIQUE

PREMIER LIVRE

CHEZ LES MÊMES ÉDITEURS

DU MÊME AUTEUR

OUVRAGES EN USAGE DANS TOUS LES CONSERVATOIRES

Cours complet théorique et pratique des Principes de la Musique :
1er Livre . . . . . *Net :* 5 francs

Réponses au Questionnaire-Application du Cours complet théorique et pratique des Principes de la Musique :
2e Livre . . . . . *Net :* 2 fr. 50

Exercices d'articulation vocale *pour arriver à solfier avec clarté et rapidité* . . . . *Net :* 1 fr. 50

A Mme THÉODORE LACK

COURS ÉLÉMENTAIRE
THÉORIQUE ET PRATIQUE
DES

PRINCIPES DE LA MUSIQUE

PAR

M. SIMON

OFFICIER D'ACADÉMIE

ABRÉGÉ DU COURS COMPLET DES PRINCIPES DE LA MUSIQUE

OUVRAGE ADOPTÉ POUR L'ENSEIGNEMENT AU CONSERVATOIRE DE PARIS
ET DANS TOUS LES CONSERVATOIRES DE PROVINCE

PREMIER LIVRE

Prix net : 1 franc

PARIS
MACKAR & NOËL
ÉDITEURS-COMMISSIONNAIRES
22, PASSAGE DES PANORAMAS, 22
1890

M. N. 972 A.

PRÉFACE

Ce livre est une sorte d'abrégé de mon *Cours complet des Principes de la Musique.* Il s'adresse aux jeunes élèves artistes et à tous les élèves amateurs : aux élèves artistes il servira d'introduction à une étude détaillée, plus approfondie, de la théorie musicale; il suffira absolument à l'éducation théorique complète des amateurs.

J'ai cherché dans cet ouvrage un **enchaînement logique et gradué,** comme aussi des **définitions claires et précises toujours suivies d'exemples,** condition essentielle pour faire comprendre rapidement les principes énoncés et les graver sûrement dans la mémoire.

La partie, si importante, du **travail pratique** a été soignée autant que la partie théorique : les **devoirs,** qui suivent chaque chapitre, amènent l'élève à raisonner et à appliquer les règles précédemment apprises; puis, le « **devoir-récapitulation** » de la fin lui fait revoir rapidement toutes les matières du cours; enfin une brochure contenant les **réponses aux questions des devoirs** permet à toute personne de diriger aisément le travail de l'élève.

En résumé, le plan de ce *Cours élémentaire* est celui de mon *Cours complet;* j'ai seulement évité les développements et toutes les difficultés, voulant une **théorie de la musique, courte, facile et éminemment pratique.**

M. SIMON.

COURS ÉLÉMENTAIRE

THÉORIQUE ET PRATIQUE

DES

PRINCIPES DE LA MUSIQUE

INTRODUCTION

La Musique. — Les Sons musicaux.

1. La **musique** est l'art de combiner les sons.

2. Les **sons musicaux** sont ceux auxquels on peut assigner un rang précis dans l'échelle musicale. — Ils sont produits par des voix ou par des instruments : de là les noms de *musique vocale, musique instrumentale.*

3. L'**échelle musicale** est l'ensemble de tous les sons musicaux régulièrement espacés. — Cette échelle se divise en trois parties : le **grave** (partie du bas), le **médium** (partie du milieu), et l'**aigu** (partie du haut).

4. Les sons musicaux peuvent différer entre eux par l'**intonation**, la **durée**, le **timbre** et l'**intensité.**

5. L'**intonation** est la production du son à son degré de hauteur dans l'échelle musicale.

6. Deux ou plusieurs sons de même intonation et de même nom forment **unisson.**

7. La **durée** est le temps plus ou moins long pendant lequel on prolonge les sons.

8. Le **timbre** est la qualité spéciale qui différencie les mêmes sons les uns des autres et fait que les différentes voix et les différents instruments ne peuvent être confondus entre eux.

9. L'**intensité** est la plus ou moins grande force du son.

10. La **mélodie** est une suite de sons entendus les uns après les autres. — L'**harmonie** consiste en des combinaisons de sons entendus simultanément.

QUESTIONNAIRE

La Musique. — Les Sons musicaux.

1. Qu'est-ce que la **musique** ?
2. Qu'est-ce que les **sons musicaux** ?
3. Qu'est-ce que l'**échelle musicale** ?
4. Par quoi les sons musicaux peuvent-ils différer entre eux ?
5. Qu'est-ce que l'**intonation** ?
6. Qu'est-ce que l'**unisson** ?
7. Qu'est-ce que la **durée** ?
8. Qu'est-ce que le **timbre** ?
9. Qu'est-ce que l'**intensité** ?
10. Qu'est-ce que la **mélodie** ? — Qu'est-ce que l'**harmonie** ?

DEVOIR

1. Qu'est-ce que l'art de combiner les sons ?
2. Comment sont produits les sons musicaux ?
3. Qu'est-ce que la musique vocale ? — Qu'est-ce que la musique instrumentale ?
4. En combien de parties divise-t-on l'échelle musicale ?

5. Qu'est-ce que le médium?

6. De combien de manières deux sons peuvent-ils différer entre eux?

7. Par quoi peuvent différer deux sons à l'unisson et de même durée?

8. Qu'est-ce qu'une suite de sons entendus les uns après les autres?

CHAPITRE PREMIER

SIGNES DE NOTATION

INTONATION

PORTÉE. — LIGNES SUPPLÉMENTAIRES. — LIGNE D'OCTAVE.

1. La musique s'écrit au moyen de signes. — Ces signes représentent l'**intonation**, la **durée** et l'**intensité** des sons.

2. Les signes qui ont rapport à l'**intonation** sont : la portée, les lignes supplémentaires, la ligne d'octave, les notes, les altérations et les clés.

3. La **portée** est la réunion de cinq lignes 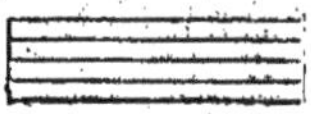 sur lesquelles on place les signes qui servent à écrire la musique.

4. Chacun des espaces compris entre les lignes de la portée se nomme **interligne**.

5. La portée se compose de cinq lignes et de quatre interlignes, que l'on compte de bas en haut.

6. L'étendue de la portée peut être augmentée au moyen des lignes supplémentaires, de la ligne d'octave et des clés.

7. Les **lignes supplémentaires** sont de petites lignes que l'on ajoute au-dessus ou au-dessous de la portée pour en augmenter l'étendue.

Ex. : 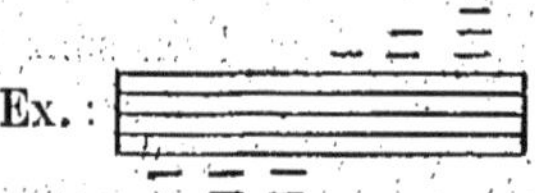

8. La **ligne d'octave** est un signe 8------ qui, placé au-dessus ou au-dessous des notes, indique leur élévation ou leur abaissement à une octave [1].

EXEMPLE :

8------------ 8------------

EFFET :

NOTES.

1. Les **notes** sont des signes qui servent à représenter les sons musicaux.

2. Les notes se placent sur la portée et en dehors de la portée au moyen des lignes supplémentaires. (Deux notes s'écrivent en dehors de la portée sans lignes supplémentaires.)

Ex. : 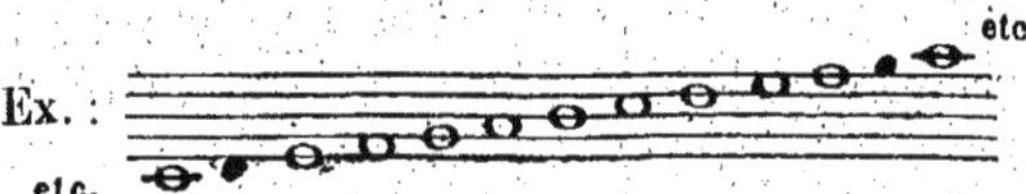

3. Les notes, par leurs différentes positions, représentent des sons différents : placées de bas en haut sur la portée, elles indiquent des sons s'élevant graduellement ; et, en sens inverse, des sons s'abaissant graduellement.

[1] L'octave comprend une série de huit sons consécutifs, dont le premier et le dernier portent le même nom.

4. On désigne les notes par les noms : **Ut** ou **Do, Ré, Mi, Fa, Sol, La, Si.**

5. Les noms **Ut, Ré, Mi, Fa, Sol, La, Si,** correspondent à une série de sons allant du grave à l'aigu.

6. Ces sept noms seuls servent à désigner tous les sons musicaux, le même nom étant donné aux sons en rapport d'octave, à cause de leur analogie d'intonation.

Ex. : **Ut Ré Mi Fa Sol La Si Ut Ré Mi Fa Sol La Si**

Altérations.

1. Une **note naturelle** est celle dont l'intonation primitive n'a subi aucune modification.

2. Une **note altérée** est celle dont l'intonation primitive a été modifiée.

3. Les **altérations** sont des signes qui servent à élever ou à abaisser, de un ou de deux demi-tons chromatiques [1], l'intonation des notes naturelles.

4. Les signes d'altération sont : le **dièse** ♯, le **double dièse** x, le **bémol** ♭ et le **double bémol** 𝄫.

5. Le ♯ élève l'intonation de la note d'un demi-ton chromatique, le x de deux demi-tons chromatiques ; le ♭ abaisse l'intonation de la note d'un demi-ton chromatique, et le 𝄫 de deux demi-tons chromatiques.

6. Il y a sept dièses, sept doubles dièses, sept bémols et sept doubles bémols, l'intonation de chaque note pouvant être modifiée.

---

[1] Chapitre V. *Demi-tons*, § 4.

7. Série des dièses : **Fa**, **Do**, **Sol**, **Ré**, **La**, **Mi**, **Si**.
(Doubles dièses : **Fa**, **Do**, **Sol**, **Ré**, **La**, **Mi**, **Si**).
Série des bémols : **Si**, **Mi**, **La**, **Ré**, **Sol**, **Do**, **Fa**.
(Doubles bémols : **Si**, **Mi**, **La**, **Ré**, **Sol**, **Do**, **Fa**).

8. Les **altérations accidentelles** sont celles qui sont placées devant les notes qu'elles modifient.

9. Les **altérations constitutives** sont celles qui sont nécessaires à la constitution de la gamme ([1]), et qui se placent généralement à l'armature. *

10. L'altération accidentelle agit sur toutes les notes de même nom qui se trouvent après elle dans une même mesure ([2]) et quelle que soit leur position.

11. L'altération constitutive faisant partie de l'armature, agit pendant toute la durée du morceau.

12. * L'**armature** de la clé est l'ensemble des altérations constitutives placées au commencement de la portée après la clé, ou dans le courant du morceau après une double barre.

13. L'armature de la clé fait connaître le ton ([3]) et évite la trop fréquente répétition des altérations dans le courant du morceau. — Les doubles dièses et les doubles bémols ne font jamais partie de l'armature de la clé.

14. Le **bécarre** ♮ est un signe qui sert à annuler l'effet d'une altération précédente (♯, x, ♭, 𝄫), en ramenant la note à son état naturel. Comme les altérations accidentelles, il agit sur toutes les notes de même nom qui se trouvent après lui dans une même mesure et quelle que soit leur position.

([1]) Chapitre VII. *Gamme diatonique*, § 1.
([2]) Chapitre IV. *Mesures*, § 4.
([3]) Chapitre VII. *Ton*, § 3.

CLÉS.

1. Les **clés** sont des signes qui servent à faire connaître le nom des notes et leur place dans l'échelle musicale.

2. Il y a trois espèces ou figures de clés :

Clé de Fa 𝄢 — **Clé d'Ut** 𝄡 — **Clé de Sol** 𝄞

3. Chaque clé, placée au commencement de la portée sur l'une des cinq lignes, donne son nom à la note occupant la même ligne qu'elle, et indique un son déterminé de l'échelle musicale : **Fa**, **Ut** ou **Sol**.

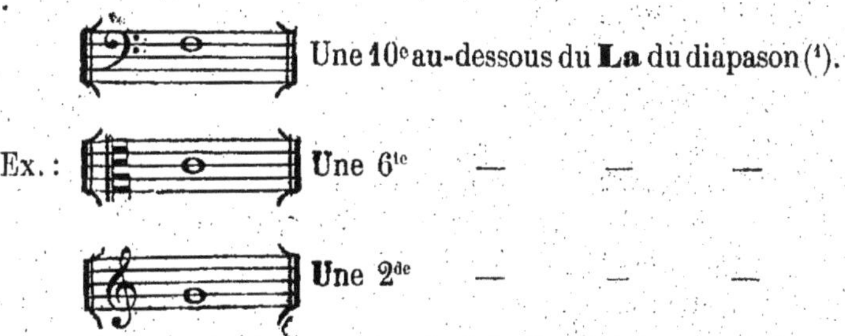

Une 10e au-dessous du **La** du diapason (1).

Ex. : Une 6te — — —

Une 2de — — —

Cette note ainsi fixée sert de point de départ et fait connaître le nom de toutes les autres notes, en même temps que leur place dans l'échelle musicale, vu l'ordre naturel de la succession des sons.

Ainsi en 𝄞, la note placée sur la deuxième ligne étant un **Sol**, celle qui est placée immédiatement au-dessous,

(1) Ce **La** est celui du médium donné par le diapason, petit instrument ne produisant que ce son et servant de régulateur pour l'accord des instruments de musique.

c'est-à-dire dans le premier interligne, est un **Fa**, et celle qui est placée immédiatement au-dessus, c'est-à-dire dans le deuxième interligne, est un **La**.

Ex. : 

En continuant à procéder de même, on connaît le nom de chacune des autres notes.

4. Les clés peuvent être placées sur différentes lignes de la portée : la clé de **Fa**, sur la quatrième et sur la troisième ligne ; la clé d'**Ut**, sur les quatre premières lignes ; la clé de **Sol**, sur la deuxième ligne.

Ex. : 𝄢 𝄢 𝄡 𝄡 𝄡 𝄡 𝄞

Une même clé, dans ses diverses positions, équivaut à autant de clés différentes, puisqu'elle place différemment les notes sur la portée. — Les clés les plus usitées sont la 𝄞 sur la deuxième ligne et la 𝄢 sur la quatrième ligne ; les moins usitées sont la 𝄢 sur la troisième ligne et la 𝄡 sur la deuxième ligne (1).

(1) Par abréviation on désigne ainsi les clés : 𝄢 4e, 𝄢 3e, 𝄡 4e, 𝄡 3e, 𝄡 2e, 𝄡 1re, 𝄞 2e.

5. La 𝄢 sert à écrire les sons du **grave**, la 𝄞 et la 𝄡 sur la première ligne s'emploient pour l'**aigu**, et la 𝄡 dans ses trois autres positions pour le **médium** [1].

QUESTIONNAIRE

PORTÉE. — LIGNES SUPPLÉMENTAIRES. — LIGNE D'OCTAVE.

1. Comment s'écrit la musique ?

2. Quels sont les signes de notation qui ont rapport à l'**intonation** ?

3. Qu'est-ce que la **portée** ?

4. Qu'est-ce qu'un **interligne** ?

5. De combien de lignes et d'interlignes la portée est-elle composée et comment les compte-t-on ?

6. Peut-on augmenter l'étendue de la portée ?

7. Qu'est-ce que les **lignes supplémentaires** ?

8. Qu'est-ce que la **ligne d'octave** ?

NOTES.

1. Qu'est-ce que les **notes** ?

2. Où place-t-on les notes ?

3. Que représentent les différentes positions des notes sur la portée ?

4. Comment désigne-t-on les notes ?

---

[1] Pour connaître les clés convenant aux différentes voix et aux différents instruments, voir mon *Cours complet des Principes de la Musique*, CHAPITRE VI. — On trouvera dans le même ouvrage, CHAPITRE IX, toutes les règles de la transposition.

5. A quoi correspondent les noms : **Ut, Ré, Mi, Fa, Sol, La, Si** ?

6. Comment les sept noms : **Ut, Ré, Mi, Fa, Sol, La, Si,** peuvent-ils suffire pour désigner tous les sons musicaux ?

Altérations.

1. Qu'est-ce qu'une **note naturelle** ?

2. Qu'est-ce qu'une **note altérée** ?

3. Qu'est-ce que les **altérations** ?

4. Quels sont les signes d'altération ?

5. Quel est l'effet des signes d'altération ?

6. Combien y a-t-il de dièses et de doubles dièses ? de bémols et de doubles bémols ?

7. Quelle est la série des dièses ? Quelle est celle des bémols ?

8. Qu'est-ce que les **altérations accidentelles** ?

9. Qu'est-ce que les **altérations constitutives** ?

10. Quel est l'effet d'une altération accidentelle ?

11. Quel est l'effet d'une altération constitutive faisant partie de l'armature ?

12. Qu'est-ce que l'**armature** de la clé ?

13. Quelle est l'utilité de l'armature de la clé ?

14. Qu'est-ce que le **bécarre** ?

Clés.

1. Qu'est-ce que les **clés** ?

2. Combien y a-t-il d'espèces de clés ?

3. Comment les clés font-elles connaître le nom des notes et leur place dans l'échelle musicale ?

4. Sur quelles lignes de la portée les clés peuvent-elles être placées ?

5. Quels sons chacune des clés sert-elle à écrire ?

DEVOIR

9. Que représentent les signes dont on se sert pour écrire la musique?

10. Sur quoi place-t-on les signes servant dans l'écriture musicale?

11. Quelle est la cinquième ligne de la portée?

12. Quel est le premier interligne ?

13. Comment se nomme l'espace compris entre la quatrième et la cinquième ligne?

14. Combien, sans lignes supplémentaires, peut-on placer de notes sur la portée?

15. Où se placent les lignes supplémentaires?

16. Quelle est l'utilité des lignes supplémentaires?

17. Où se place la ligne d'octave?

18. Combien y a-t-il de noms de notes?

19. A quoi servent les altérations ?

20. Qu'est-ce que le dièse ?

21. Qu'est-ce que le double bémol ?

22. Quels sont les doubles dièses ?

23. Quels sont les doubles bémols?

24. Quel est le septième dièse ?

25. Quel est le premier bémol?

26. Emploie-t-on les altérations de différentes manières?

27. Où est placée l'altération qui agit pendant toute la durée du morceau ?

28. Y a-t-il des signes d'altération qu'on ne puisse pas placer à l'armature ?

29. Quel est l'effet du bécarre?

30. A quoi servent les clés?

31. Combien y a-t-il de clés?

32. Quelle est la ligne de la portée sur laquelle on ne place pas de clé?

33. Combien y a-t-il de 𝄡?

34. Quelles lignes de la portée se trouvent au-dessus de la 𝄢?

35. Combien de clés peut-on placer sur la troisième ligne de la portée?

36. Quelles sont les clés les plus usitées?

37. En 𝄢 4e, comment se nomme la note placée sur la quatrième ligne de la portée?

38. Quelle espèce de clé emploie-t-on pour écrire les sons graves?

CHAPITRE II

SIGNES DE NOTATION

DURÉE

FIGURES DE NOTES.

1. Les signes qui, dans l'écriture musicale, ont rapport à la **durée** sont : les figures de notes, les silences, le point d'augmentation, la liaison, le triolet, le double triolet, le sextolet, les indications de mouvement, le point d'orgue et le point d'arrêt, les barres de mesure et les chiffres indicateurs [1].

[1] Il sera parlé des barres de mesure et des chiffres indicateurs au CHAPITRE IV.

2. La durée plus ou moins longue des sons s'indique en variant la forme des notes. — Les notes ont donc une double fonction : elles représentent, par leur position sur la portée, des sons différents, et, par leur forme, des durées différentes.

3. Les **figures de notes** sont :

La Ronde.	La Blanche.	La Noire.	La Croche.	La Double Croche.	La Triple Croche.	La Quadruple Croche.
𝅝	𝅗𝅥	♩	♪	𝅘𝅥𝅯	𝅘𝅥𝅰	𝅘𝅥𝅱

4. Dans cet ordre : 𝅝 𝅗𝅥 ♩ ♪ 𝅘𝅥𝅯 𝅘𝅥𝅰 𝅘𝅥𝅱, la valeur de chaque note est toujours moitié plus grande que celle de la note suivante. — La ronde représente la durée la plus longue et les autres notes sont des fractions de la ronde :

La 𝅗𝅥 = 1/2, la ♩ = 1/4, la ♪ = 1/8, la 𝅘𝅥𝅯 = 1/16
la 𝅘𝅥𝅰 = 1/32, la 𝅘𝅥𝅱 = 1/64.

5. Rapport des différentes valeurs entre elles :

1 𝅝 =					
2 𝅗𝅥	1 𝅗𝅥 =				
ou 4 ♩	2 ♩	1 ♩ =			
ou 8 ♪	ou 4 ♪	2 ♪	1 ♪ =		
ou 16 𝅘𝅥𝅯	ou 8 𝅘𝅥𝅯	ou 4 𝅘𝅥𝅯	2 𝅘𝅥𝅯	1 𝅘𝅥𝅯 =	
ou 32 𝅘𝅥𝅰	ou 16 𝅘𝅥𝅰	ou 8 𝅘𝅥𝅰	ou 4 𝅘𝅥𝅰	2 𝅘𝅥𝅰	1 𝅘𝅥𝅰 =
ou 64 𝅘𝅥𝅱	ou 32 𝅘𝅥𝅱	ou 16 𝅘𝅥𝅱	ou 8 𝅘𝅥𝅱	ou 4 𝅘𝅥𝅱	2 𝅘𝅥𝅱

6. On remplace généralement les crochets des ♪, 𝅘𝅥𝅯, etc. par des barres, quand plusieurs de ces valeurs se suivent, et cela pour faciliter la lecture.

Ex. :

Silences

1. Les **silences** sont des signes qui représentent l'interruption momentanée des sons.

2. L'interruption plus ou moins longue des sons s'indique en variant la forme des silences.

3. Les **figures de silences** sont :

La Pause. La demi Pause. Le Soupir. Le demi Soupir. Le quart de Soupir. Le 8ᵉ de Soupir. Le 16ᵉ de Soupir.

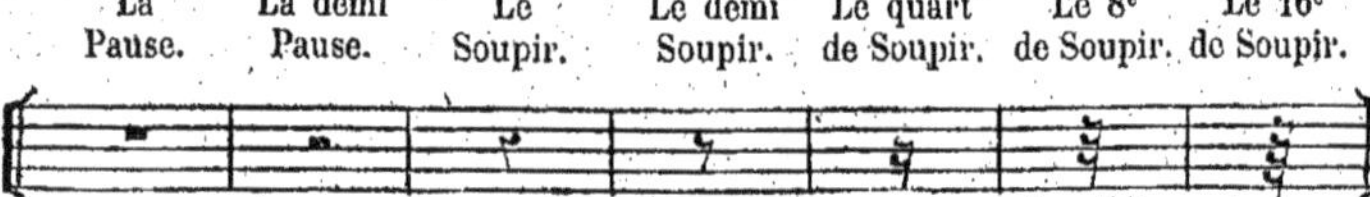

4. Dans cet ordre : la valeur de chaque silence est toujours moitié plus grande que celle du silence suivant. D'ailleurs, chaque figure de silence correspond à une figure de note ; ces signes ont, par conséquent, entre eux les mêmes rapports que les notes entre elles.

5. Comme valeur, la pause correspond à la ronde, la demi-pause à la blanche, le soupir à la noire, le demi-soupir à la croche, le quart de soupir à la double croche, le huitième de soupir à la triple croche et le seizième de soupir à la quadruple croche.

Ex. :

6. La pause a deux significations : elle indique un silence égal à la durée d'une ronde ; puis aussi le silence d'une mesure quelconque, dont la valeur, toutefois, n'excède pas celle d'une ronde pointée.

7. Il y a encore deux autres figures de silences : le bâton de quatre pauses et le bâton de deux pauses.

Ex. : 

Le bâton de quatre pauses sert à indiquer le silence de quatre mesures (on le surmonte du chiffre 4), et le bâton de deux pauses sert à indiquer le silence de deux mesures (on le surmonte du chiffre 2).

8. Le silence de plusieurs mesures s'indique généralement par une double barre oblique traversant la portée et surmontée d'un chiffre qui représente le nombre de mesures en silence.

Ex. : 

9. Généralement le bâton de quatre pauses se place entre la deuxième et la quatrième ligne de la portée, celui de deux pauses entre la troisième et la quatrième ligne, la pause au-dessous de la quatrième ligne, la demi-pause au-dessus de la troisième, et les autres silences sur la troisième ligne.

Ex. : 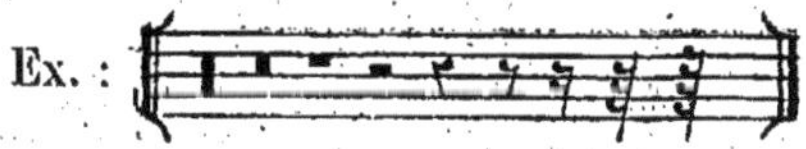

Point d'augmentation. — Liaison.

1. La durée primitive des différentes valeurs peut être augmentée au moyen de **points** placés après les figures de notes ou les figures de silences.

2. Chaque figure de note peut être pointée ; il est d'usage de ne pointer les silences qu'à partir du demi-soupir.

3. On peut, après les différentes valeurs, placer plusieurs points (pas plus de trois, selon l'usage).

4. Le point après une note ou un silence en augmente la durée de moitié.

5. **Rapport des différentes valeurs pointées avec les valeurs simples :**

1 ronde pointée =	1 blanche pointée =	1 noire pointée =	1 croche pointée =	1 double croche pointée =	1 triple croche pointée =
3	3	3	3	3	3
ou 6	ou 6	ou 6	ou 6	ou 6	
ou 12	ou 12	ou 12	ou 12		
ou 24	ou 24	ou 24			
ou 48	ou 48				
ou 96					

6. Quand il y a plusieurs points après une note ou un silence, chaque nouveau point vaut toujours la moitié du précédent.

Ex. :

En résumé, le premier point augmente de moitié la durée de la note ou du silence, le deuxième l'augmente d'un quart et le troisième d'un huitième.

7. La durée primitive des différentes valeurs de notes peut aussi être augmentée au moyen de la liaison.

8. La **liaison** est un signe ⌒ ou ‿ qui unit entre elles deux notes de même intonation, et qui indique l'adjonction de la valeur de la deuxième note à celle de la première.

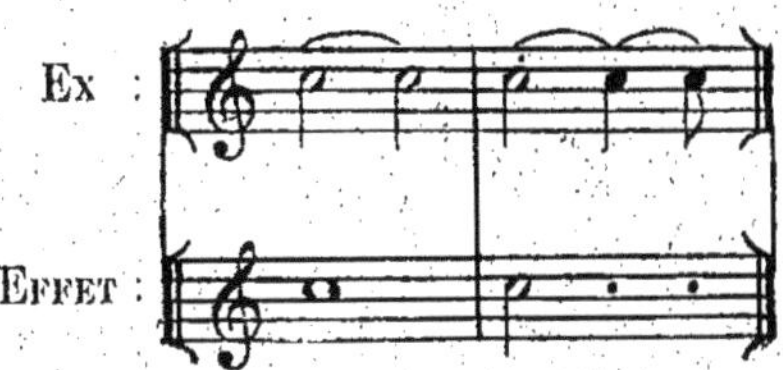

9. Les **notes liées** sont celles qui subissent l'effet de la liaison. — Toute note liée doit être d'une valeur égale à celle de la note précédente, ou d'une valeur moindre.

TRIOLET. — DOUBLE TRIOLET. — SEXTOLET.

1. Le **triolet** est un groupe de trois notes égales équivalant à deux notes ordinaires de même figure que celles dont il est formé.

Ex. : 3 =

2. On indique le triolet par le chiffre **3** placé au-dessus ou au-dessous du groupe.

3. Le triolet peut ne pas être formé de trois notes égales, mais la somme des valeurs qui le composent est toujours équivalente à ces trois notes.

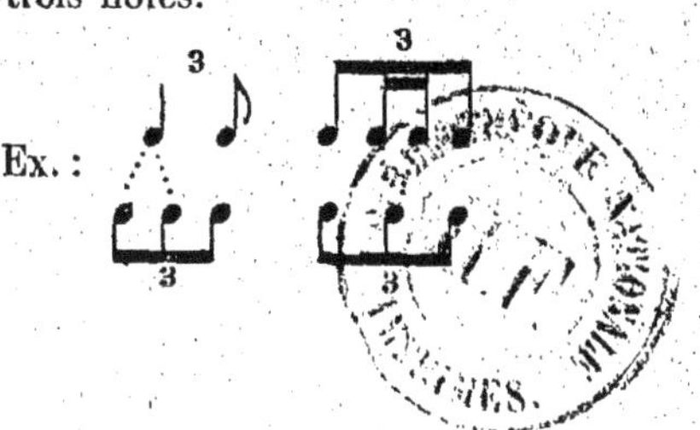

4. Les silences et le point peuvent être employés dans le triolet. Ils y conservent leur signification habituelle.

Ex. : 

5. Le **double triolet** est la réunion en un seul groupe de deux triolets voisins.

Ex. : 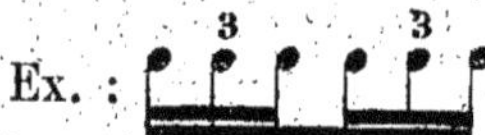

6. On doit indiquer le double triolet par le chiffre **3** placé au-dessus ou au-dessous de chacun des groupes de trois notes égales dont il est formé.

Ex. : 

7. Le **sextolet** est un groupe de six notes égales équivalant à quatre notes ordinaires de même figure que celles dont il est formé.

Ex. :

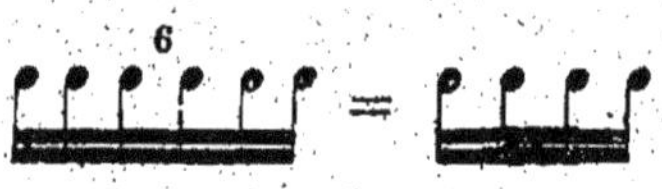

8. On indique le sextolet par le chiffre **6** placé au-dessus ou au-dessous du groupe.

Ex. : 

9. Les notes du double triolet s'accentuent de trois en trois et celles du sextolet de deux en deux.

Ex. :

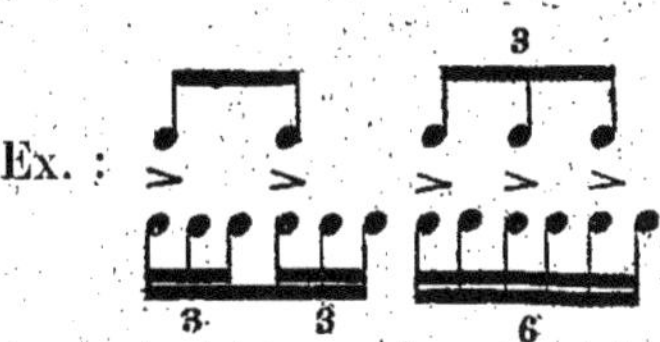

10. Le double triolet et le sextolet peuvent ne pas être formés de six notes égales, mais la somme des valeurs qui les composent est toujours équivalente à ces six notes.

Ex. :

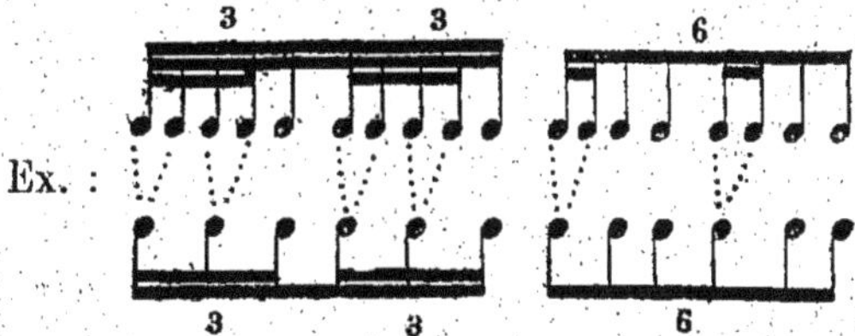

11. Les silences et le point peuvent, comme dans le triolet, être employés dans le double triolet et le sextolet.

Ex. :

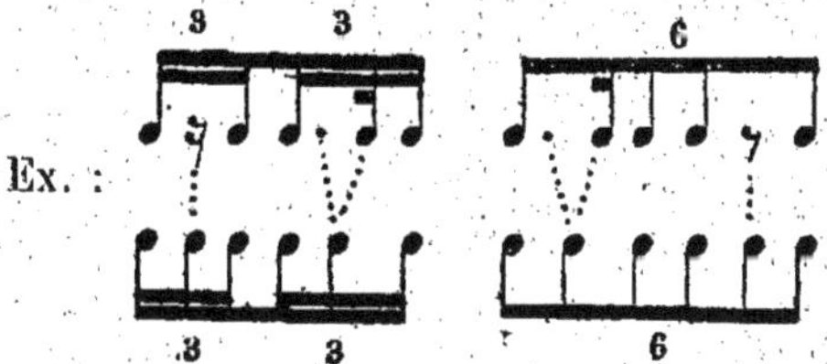

Indications de mouvement. — Point d'orgue et Point d'arrêt.

1. Le **mouvement** est le degré de lenteur ou de vitesse devant être observé dans l'exécution d'un morceau.

2. Au-dessus de la portée, au commencement du morceau, des termes italiens et souvent une indication métronomique [1] font connaître le mouvement.

Exemple :

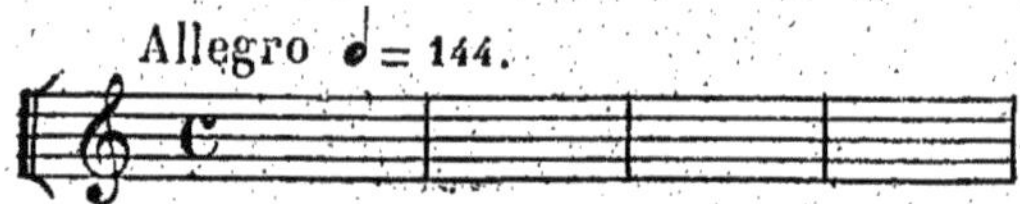

3. Les principaux termes indiquant le mouvement sont :

Grave	Grave, plus lent que *Largo*.
Largo	Large.
Larghetto.	Moins lent que *Largo*.
Adagio.	Lent, à l'aise.
Andante	Modéré, allant.
Andantino	Moins lent qu'*Andante*.
Allegretto.	Moins vif qu'*Allegro*.
Allegro.	Gai, vif.
Presto	Vite, plus vif qu'*Allegro*.
Prestissimo	Très vite.
Etc	Etc.

4. Dans le courant du morceau, des termes italiens font connaître les modifications qui peuvent être apportées dans le mouvement général. Les principaux de ces termes sont :

Rallentando	En ralentissant.
Ritardando	En retardant.

[1] Le *métronome*, qui sert à indiquer le mouvement d'une façon précise, consiste en un balancier supportant un contrepoids mobile et mû par un mouvement d'horlogerie. Le contrepoids placé plus ou moins haut ralentit ou accélère les oscillations du balancier fixé à sa base devant une échelle numérotée. L'échelle numérotée indique le nombre des oscillations par minute.

Exemple d'indication métronomique : ♩ = 60. Signification : le contrepoids étant placé au numéro 60, le balancier fait 60 oscillations par minute et la noire dure la soixantième partie d'une minute, c'est-à-dire une seconde.

Ritenuto	Retenu.
Slargando	En élargissant.
Accelerando	En accélérant.
Più mosso	Plus de mouvement.
Stretto	Serré.
Stringendo.	En serrant.
Senza tempo.	Sans mesure.
A piacere	A plaisir.
Ad libitum (latin)	A volonté.
Etc.	Etc.

5. Après une modification momentanée du mouvement, le mot **a tempo** ou **tempo primo** indique le retour au mouvement primitif.

6. Le **point d'orgue** est un signe 𝄐 qui indique la suspension du mouvement et signifie que la valeur au-dessus ou au-dessous de laquelle il est placé doit être prolongée pendant une durée indéterminée.

Ex. : 

7. Le **point d'arrêt** est un signe 𝄐 de même figure et de même effet que le point d'orgue, mais qui, au lieu d'être, comme celui-ci, affecté à une note, est placé au-dessus ou au-dessous d'un silence.

Ex. : 

QUESTIONNAIRE

Figures de notes.

1. Quels sont, dans l'écriture musicale, les signes qui ont rapport à la **durée?**

2. Comment indique-t-on la durée plus ou moins longue des sons?

3. Quelles sont les différentes **figures de notes?**

4. Quel rapport y a-t-il entre les différentes valeurs de notes?

5. Dire la valeur de chaque figure de notes par rapport à celles qui la suivent?

6. Y a-t-il plusieurs manières d'écrire les croches, les doubles croches, etc.?

Silences.

1. Qu'est-ce que les **silences**?

2. Comment indique-t-on l'interruption plus ou moins longue des sons?

3. Quelles sont les différentes **figures de silences**?

4. Quel rapport de valeur y a-t-il entre les différents silences?

5. Quel rapport y a-t-il entre les figures de silences et les figures de notes?

6. La pause indique-t-elle toujours un silence égal à la durée d'une ronde?

7. N'y a-t-il que sept figures de silences?

8. Comment indique-t-on le silence de plusieurs mesures?

9. Comment se placent les silences sur la portée?

Point d'augmentation. — Liaison.

1. La durée primitive des différentes valeurs peut-elle être augmentée ?

2. Quelles sont les notes et quels sont les silences pouvant être pointés ?

3. Peut-on placer plusieurs points après les valeurs ?

4. Quel est l'effet du point placé après une note ou un silence ?

5. Dire la valeur de chaque figure de note pointée par rapport aux figures de notes simples qui la suivent ?

6. Quand il y a plusieurs points après une note ou un silence, quelle est la valeur de chaque nouveau point ?

7. Peut-on, sans le secours du point, augmenter la durée primitive des différentes valeurs de notes ?

8. Qu'est-ce que la **liaison** ?

9. Qu'est-ce que les **notes liées** ?

Triolet. — Double triolet. — Sextolet.

1. Qu'est-ce que le **triolet** ?

2. Comment indique-t-on le triolet ?

3. Un triolet est-il toujours formé de trois notes égales ?

4. Les silences et le point peuvent-ils être employés dans le triolet ?

5. Qu'est-ce que le **double triolet** ?

6. Comment indique-t-on le double triolet ?

7. Qu'est-ce que le **sextolet** ?

8. Comment indique-t-on le sextolet ?

9. Quelle différence y a-t-il entre le double triolet et le sextolet?

10. Le double triolet et le sextolet sont-ils toujours formés de six notes égales?

11. Les silences et le point peuvent-ils être employés dans le double triolet et dans le sextolet?

Indications de mouvement. — Point d'orgue et Point d'arrêt.

1. Qu'est-ce que le **mouvement**?

2. Comment indique-t-on le mouvement?

3. Quels sont les principaux termes indiquant le mouvement?

4. Comment indique-t-on les modifications qui peuvent être apportées dans le mouvement général et quels sont les principaux termes servant à ces indications?

5. Après une modification momentanée du mouvement, comment indique-t-on le retour au mouvement primitif?

6. Qu'est-ce que le **point d'orgue**?

7. Qu'est-ce que le **point d'arrêt**?

DEVOIR

39. Que représentent les notes?

40. Combien y a-t-il de figures de notes?

41. Quelle est la figure de note représentant la durée la plus courte?

42. Quelle fraction de la ronde, la noire représente-t-elle?

43. Combien deux ♩ valent-elles de ♪?

44. Combien quatre ♪ valent-elles de 𝅗𝅥?

45. Combien six 𝅘𝅥𝅯 valent-elles de ♪?

46. Combien deux 𝅗𝅥 valent-elles de 𝅘𝅥𝅯?

47. Combien seize 𝅘𝅥𝅰 valent-elles de ♩?

48. Combien huit ♪ valent-elles de 𝅝?

49. Combien quatre ♩ valent-elles de 𝅘𝅥𝅰?

50. Que représentent les différentes figures de silences?

51. Combien y a-t-il de principales figures de silences?

52. Quelle est la figure de silence représentant la durée la plus courte?

53. A quel silence correspond la 𝅝?

54. Par quel silence peut-on remplacer une 𝅘𝅥𝅰?

55. Par quel silence peut-on remplacer deux ♩?

56. Quel est le silence équivalant à une ♩?

57. Combien une ▬ vaut-elle de ♪?

58. Combien un 𝄾 vaut-il de 𝅘𝅥𝅯?

59. Quel est le silence valant deux 𝅗𝅥?

60. Qu'indiquent les bâtons de quatre et de deux pauses?

61. Combien de points peut-on placer après une note ou un silence?

62. Que vaut le deuxième point après une note ou un silence?

63. Quels sont les silences que l'on ne pointe pas?

64. Que vaut une 𝅗𝅥 . .?

65. Que vaut une ♩ . . .?

66. Combien une 𝅝 . vaut-elle de ♪?

67. Que vaut un 𝄾 . .?

68. Combien un 𝄾 . . vaut-il de 𝅘𝅥𝅱?

69. Qu'indique la liaison?

70. Peut-on lier deux notes dont la seconde serait de valeur plus longue que la première?

71. Dans quel temps doit se faire un triolet?

72. Combien la 𝅗𝅥 vaut-elle de ♩ en triolet?

73. Quelle est la figure de note équivalant à un triolet de 𝅘𝅥𝅯?

74. Écrivez un triolet formé de deux notes?

75. Écrivez un triolet formé de quatre notes?

76. Écrivez un triolet formé de deux notes et d'un silence?

77. Comment s'accentue le double triolet?

78. Quelle est la durée d'un sextolet?

79. Combien faut-il de ♪ en sextolet pour une 𝅗𝅥?

80. Quelle est la figure de note équivalant à un sextolet de 𝅘𝅥𝅯?

81. Écrivez un sextolet formé de cinq notes?

82. Où se placent les indications de mouvement?

83. Que signifie le mot Adagio?

84. Quelle est la durée du point d'orgue?

CHAPITRE III

SIGNES DE NOTATION

INTENSITÉ

TERMES ET SIGNES DE NUANCES.

1. Les signes qui ont rapport à l'**intensité** sont ceux qui indiquent les nuances et l'accentuation. Des termes italiens et des soufflets font connaître les nuances. Les principaux signes d'accentuation sont : les accents, le point allongé, le point, la liaison, la liaison et le point combinés ensemble.

2. Les **nuances** sont les divers degrés d'intensité qu'il convient d'appliquer à une suite de sons.

3. Les principaux termes servant à indiquer les nuances sont :

	Abréviations.	
Piano pianissimo . . .	*p. p. p.*	Le plus doux possible.
Pianissimo	*p. p.*	Très doux.
Piano	*p.*	Doux.
Mezza voce	*m. v.*	A demi-voix.
Sotto voce.	*s. t.*	A demi-voix.
Mezzo forte.	*m. f.*	Demi-fort.
Forte	*f.*	Fort.
Fortissimo	*f. f.*	Très fort.
Forte fortissimo . . .	*f. f. f.*	Le plus fort possible.

4. Le **soufflet** est un signe indiquant qu'il faut augmenter < ou diminuer > graduellement la force des sons. Il est souvent employé pour les mots : **crescendo** — **decrescendo** ou **diminuendo**, qui signifient : **cresc.** en augmentant, **decres.** ou **dim.** en diminuant.

Termes et signes d'accentuation.

1. L'**accentuation** est le degré d'intensité qu'il convient d'appliquer à certains sons pris le plus souvent isolément.

2. Les **accents** indiquent que la note au-dessus ou au-dessous de laquelle ils sont placés doit être marquée plus fortement que les autres.

3. Le **point allongé** indique que les notes au-dessus ou au-dessous desquelles il est placé doivent être piquées, c'est-à-dire faites avec une certaine sécheresse.

4. Le **point** placé au-dessus ou au-dessous des notes indique qu'elles doivent être détachées, c'est-à-dire quittées et faites généralement avec légèreté.

5. La **liaison** placée au-dessus ou au-dessous de plusieurs notes indique que les sons doivent être soutenus; placée sur deux notes d'intonation différente, elle indique que la première doit être légèrement accentuée et la seconde légèrement détachée.

6. La **liaison et le point** combinés ensemble  indiquent que les notes doivent être portées, c'est-à-dire séparées les unes des autres et faites un peu lourdement.

7. Des termes italiens indiquent aussi certaines accentuations. Les principaux de ces termes sont :

	Abréviations.	
Piano forte . . .	*pf.*	Doux et fort successivement.
Forte piano . . .	*fp.*	Fort et doux successivement.
Leggierò	*legg.*	Léger.
Marcato	*marc.*	Marqué.
Sforzando . . .	*sfz.*	En donnant plus de force.

D'autres termes sont parfois employés à la place de certains signes d'accentuation, tels sont :

	Abréviations.	
Legato	*leg.*	Lié (pour remplacer la liaison au-dessus de plusieurs notes).
Staccato	*stacc.*	Détaché (pour remplacer le point).

QUESTIONNAIRE

Termes et signes de nuances.

1. Quels sont, dans l'écriture musicale, les signes qui ont rapport à l'**intensité** ?

2. Qu'est-ce que les **nuances** ?

3. Quels sont les principaux termes servant à indiquer les nuances ?

4. Qu'est-ce que le **soufflet** ?

Termes et signes d'accentuation

1. Qu'est-ce que l'**accentuation** ?

2. Qu'indiquent les **accents** ?

3. Qu'indique le **point allongé** ?

4. Qu'indique le **point** placé au-dessus ou au-dessous des notes?

5. Qu'indique la **liaison** (signe d'accentuation) ?

6. Qu'indiquent la **liaison et le point** combinés ensemble?

7. Quels sont les principaux termes employés pour indiquer certaines accentuations ?

DEVOIR

85. A quoi, dans l'écriture musicale, les indications de nuances et d'accentuation ont-elles rapport ?

86. Comment indique-t-on les nuances?

87. Y a-t-il plusieurs signes servant à indiquer les nuances?

88. Comment indique-t-on l'accentuation?

89. Y a-t-il plusieurs accents servant à indiquer qu'une note doit être marquée plus fortement que d'autres?

90. N'est-il pas d'accentuations indiquées autrement que par des signes?

CHAPITRE IV

MESURE

La mesure. — Barres de mesure. — Mesures. — Temps.

Chiffres indicateurs.

1. La **mesure** est la division d'un morceau en courtes parties d'égale durée. — Cette division s'indique au moyen de barres de mesure.

2. Les **barres de mesure** sont des lignes qui traversent perpendiculairement la portée de distance en distance et qui séparent les mesures les unes des autres.

Ex. : 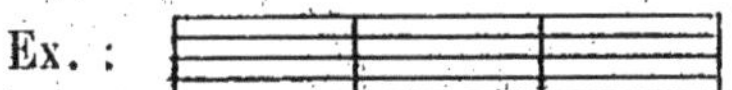

3. On nomme **double barre de mesure** deux lignes qui, traversant perpendiculairement la portée, sont placées à la fin d'un morceau ou séparent deux mesures consécutives. — La **double barre de séparation** est celle que l'on rencontre dans le courant d'une mesure. — La double barre s'emploie : à la fin d'un morceau, entre deux parties d'un même morceau, et, dans le courant d'un morceau, avant un changement d'armature ou avant un changement de mesure.

Exemple :

4. On appelle **mesures** chacun des fragments de durée compris entre deux barres de mesure consécutives. Ex :

Les mesures d'un morceau contiennent toutes la même somme de valeurs, à moins d'une nouvelle indication de mesure dans le courant de ce morceau.

5. Les **temps** sont des parties d'égale durée divisant une mesure.

6. Il y a des mesures à **deux**, à **trois** et à **quatre** temps. — Ces temps s'indiquent en les nommant ou en les marquant par des mouvements de la main ou du pied. Dans toutes les mesures le premier temps se bat en bas et le dernier en haut.

Ex. :

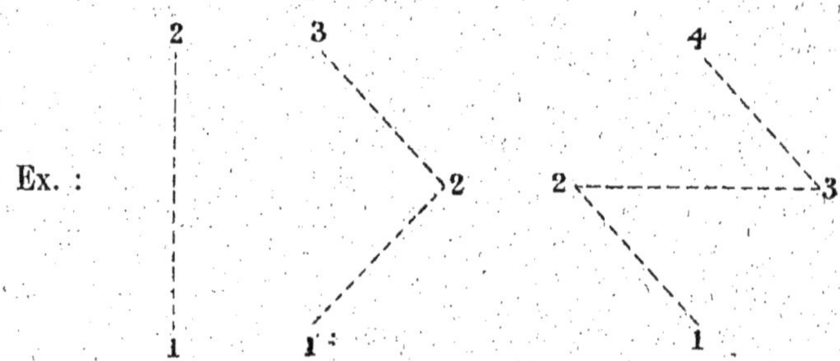

7. Les temps peuvent se diviser en deux ou en trois parties. Divisibles par deux, les temps sont **binaires**; divisibles par trois, ils sont **ternaires**.

8. Au point de vue de l'intensité les temps sont forts ou faibles et leurs parties sont elles-mêmes fortes ou faibles. Les **temps forts** sont ceux qui doivent être accentués et les **temps faibles** ceux que l'on doit moins marquer. Il en est de même pour les parties fortes et les parties faibles des temps.

9. Dans toutes les mesures, le premier temps est fort et les autres sont faibles, excepté dans la mesure à quatre temps où le troisième temps est demi-fort. — La première partie de chaque temps est toujours forte et les autres sont faibles.

10. On indique les différentes mesures au moyen de chiffres ou de signes sous-entendant certains de ces chiffres, et chaque mesure s'énonce par ses **chiffres indicateurs.**

11. Les chiffres indicateurs des mesures, à moins d'abréviation, sont écrits sous forme de fractions ayant la ronde pour unité : le chiffre inférieur (dénominateur) indique en combien de parties l'unité a été divisée et représente l'espèce des valeurs contenues dans la mesure; le chiffre supérieur (numérateur) indique combien de ces parties ont été prises et fait connaître le nombre des valeurs formant la mesure.

Exemple : *Les chiffres* $\frac{4}{4}$ *indiquent une mesure formée de quatre quarts de ronde, c'est-à-dire de quatre noires, le chiffre inférieur 4 représentant des quarts de l'unité et le chiffre supérieur 4 exprimant que quatre de ces valeurs sont contenues dans la mesure.*

12. Il est certaines abréviations employées dans l'indication des mesures. Ces abréviations, dont on ne se sert que pour les mesures simples, sont : le ₵ (C barré) ou **2**, au lieu de $\frac{2}{2}$; le **3**, au lieu de $\frac{3}{4}$; le **C** (C) ou **4**, au lieu de $\frac{4}{4}$. — Les abréviations les plus usitées sont le **C** et le **₵**.

13. Les chiffres indicateurs se placent au commencement du morceau, après l'armature de la clé, ou dans le courant du morceau après une double barre, s'il y a un changement de mesure.

Exemple :

Mesures simples.

1. Il y a deux espèces de mesures : les mesures simples et les mesures composées.

2. Les **mesures simples** sont celles dont les temps sont binaires, c'est-à-dire formés chacun d'une somme de durées équivalant toujours à un signe de valeur simple.

3. L'**unité de temps** est la note qui, à elle seule, vaut un temps entier, comme l'**unité de mesure** est la note qui, à elle seule, vaut une mesure entière [1]. — Dans les mesures simples, cette unité de temps peut être : la 𝅝, la 𝅗𝅥, la ♩, la ♪, représentées par les chiffres : **1, 2, 4, 8.**

4. Dans les mesures simples le chiffre supérieur, qui exprime le nombre des valeurs formant la mesure, indique aussi *le nombre des temps;* et le chiffre inférieur, tout en faisant connaître l'espèce des valeurs contenues dans la mesure, représente *l'unité de temps.*

Exemple : *Une mesure simple à deux temps, ayant une noire pour unité de temps, se chiffrera* $\frac{2}{4}$; *le chiffre supérieur 2 indiquant le nombre de temps, et le chiffre inférieur 4 représentant l'unité de temps, la noire.*

---

[1] Quand une mesure entière est en silence et que sa valeur n'excède pas celle d'une ronde pointée, on se sert de la pause pour représenter ce silence.

Ex. : Le silence des mesures d'une valeur plus grande se représente au moyen des silences figurant l'unité de temps.

Ex. : 

5. Les mesures pouvant renfermer deux, trois ou quatre temps, le chiffre supérieur dans les mesures simples est, par conséquent, **2, 3** ou **4,** et le chiffre inférieur **1, 2, 4** ou **8,** l'unité de temps pour chacune de ces mesures étant toujours la 𝅝, la 𝅗𝅥, la ♩ ou la ♪ —

6. Les mesures simples, pouvant se présenter chacune sous quatre formes de notation différentes, sont au nombre de douze.

Tableau des mesures simples.

MESURES À 2 TEMPS.				MESURES À 3 TEMPS.				MESURES À 4 TEMPS.			
chiffres indic.	*signif. des chiff.*	*unité de mes.*	*unité de tems.*	*chiff. indic.*	*signific. des chiffr.*	*unité de mes.*	*unité de tems.*	*chiffr. indic.*	*signific. des chiffr.*	*unité de mesure.*	*unité de tems.*
$\frac{2}{1}$	𝅝𝅝	𝅜	𝅝	$\frac{3}{1}$	𝅝𝅝𝅝	𝅜.	𝅝	$\frac{4}{1}$	𝅝𝅝𝅝𝅝	𝅜‿𝅜	𝅝
¢ $\frac{2}{2}$ 2	𝅗𝅥𝅗𝅥	𝅝	𝅗𝅥	$\frac{3}{2}$	𝅗𝅥𝅗𝅥𝅗𝅥	𝅝.	𝅗𝅥	$\frac{4}{2}$	𝅗𝅥𝅗𝅥𝅗𝅥𝅗𝅥	𝅜	𝅗𝅥
$\frac{2}{4}$	♩♩	𝅗𝅥	♩	$\frac{3}{4}$ 3	♩♩♩	𝅗𝅥.	♩	C $\frac{4}{4}$ 4	♩♩♩♩	𝅝	♩
$\frac{2}{8}$	♪♪	♩	♪	$\frac{3}{8}$	♪♪♪	♩.	♪	$\frac{4}{8}$	♪♪♪♪	𝅗𝅥	♪

7. Les mesures simples les plus usitées actuellement sont les mesures à $\frac{2}{4}$, à $\frac{3}{4}$ et à $\frac{4}{4}$, c'est-à-dire celles qui ont pour unité de temps la **noire,** puis les mesures à $\frac{2}{2}$ et à $\frac{3}{8}$.

Mesures composées.

1. Les **mesures composées** sont celles dont les temps sont ternaires, c'est-à-dire formés chacun d'une somme de durées équivalant toujours à un signe de valeur pointé.

2. Dans les mesures composées, l'unité de temps peut être : la 𝅝., la 𝅗𝅥., la ♩., la ♪. —

3. Dans les mesures composées, le chiffre supérieur, qui exprime le nombre des valeurs formant la mesure, indique aussi *le nombre de tiers de temps ;* et le chiffre inférieur, tout en faisant connaître l'espèce des valeurs contenues dans la mesure, représente *le tiers de l'unité de temps.* — Pour avoir l'unité de temps, il suffit donc de chercher la note qui, à elle seule, vaut trois fois la valeur représentée par le chiffre inférieur ; et pour connaître le nombre des temps, on doit diviser le chiffre supérieur par trois, puisqu'il indique le nombre des tiers de temps.

Exemple : *Une mesure composée à deux temps, ayant une noire pointée pour unité de temps, se chiffrera* $\frac{6}{8}$, *le chiffre supérieur* 6 *indiquant six tiers de temps, c'est-à-dire deux temps, et le chiffre inférieur* 8 *représentant une croche par tiers de temps, c'est-à-dire une noire pointée comme unité de temps.*

4. Les mesures renfermant, comme on sait, deux, trois ou quatre temps, et contenant par conséquent six, neuf ou douze tiers de temps, le chiffre supérieur dans les mesures composées est toujours **6** pour les mesures à deux temps, **9** pour les mesures à trois temps et **12** pour les mesures à quatre temps ;

puis le chiffre inférieur toujours **2, 4, 8** ou **16**, l'unité de temps pour chacune de ces mesures pouvant être la 𝅝., la 𝅗𝅥., la ♩. ou la ♪., et le tiers de l'unité de temps étant alors une 𝅗𝅥, une ♩, une ♪ ou une 𝅘𝅥𝅯 —

5. Les mesures composées, comme les mesures simples, pouvant se présenter chacune sous quatre formes de notation différentes, sont aussi au nombre de douze.

Tableau des mesures composées.

MESURES À 2 TEMPS.				MESURES À 3 TEMPS.				MESURES À 4 TEMPS.			
chiff. indic.	signific. des chiffr.	unité de mes.	unité de tems	chif. ind.	signific. des chiffr.	unité de mes.	unité de tems	chif. ind.	signification des chiffres.	unité de mes.	unité de tems
$\frac{6}{2}$	𝅗𝅥𝅗𝅥𝅗𝅥𝅗𝅥𝅗𝅥𝅗𝅥	𝅜.	𝅝.	$\frac{9}{2}$	𝅗𝅥𝅗𝅥𝅗𝅥𝅗𝅥𝅗𝅥𝅗𝅥𝅗𝅥𝅗𝅥𝅗𝅥	𝅜.‿𝅝.	𝅝.	$\frac{12}{2}$	𝅗𝅥𝅗𝅥𝅗𝅥𝅗𝅥𝅗𝅥𝅗𝅥𝅗𝅥𝅗𝅥𝅗𝅥𝅗𝅥𝅗𝅥𝅗𝅥	𝅜.‿𝅜.	𝅝.
$\frac{6}{4}$	♩♩♩♩♩♩	𝅝.	𝅗𝅥.	$\frac{9}{4}$	♩♩♩♩♩♩♩♩♩	𝅝.‿𝅗𝅥.	𝅗𝅥.	$\frac{12}{4}$	♩♩♩♩♩♩♩♩♩♩♩♩	𝅜.	𝅗𝅥.
$\frac{6}{8}$	♪♪♪♪♪♪	𝅗𝅥.	♩.	$\frac{9}{8}$	♪♪♪♪♪♪♪♪♪	𝅗𝅥.‿♩.	♩.	$\frac{12}{8}$	♪♪♪♪♪♪♪♪♪♪♪♪	𝅝.	♩.
$\frac{6}{16}$	𝅘𝅥𝅯𝅘𝅥𝅯𝅘𝅥𝅯𝅘𝅥𝅯𝅘𝅥𝅯𝅘𝅥𝅯	♩.	♪.	$\frac{9}{16}$	𝅘𝅥𝅯𝅘𝅥𝅯𝅘𝅥𝅯𝅘𝅥𝅯𝅘𝅥𝅯𝅘𝅥𝅯𝅘𝅥𝅯𝅘𝅥𝅯𝅘𝅥𝅯	♩.‿♪.	♪.	$\frac{12}{16}$	𝅘𝅥𝅯𝅘𝅥𝅯𝅘𝅥𝅯𝅘𝅥𝅯𝅘𝅥𝅯𝅘𝅥𝅯𝅘𝅥𝅯𝅘𝅥𝅯𝅘𝅥𝅯𝅘𝅥𝅯𝅘𝅥𝅯𝅘𝅥𝅯	𝅗𝅥.	♪.

6. Les mesures composées les plus usitées actuellement sont les mesures à $\frac{6}{8}$, à $\frac{9}{8}$ et à $\frac{12}{8}$, c'est-à-dire celles qui ont pour unité de temps la **noire pointée**, puis les mesures à $\frac{6}{4}$ et à $\frac{9}{16}$.

Rapport entre les mesures simples et les mesures composées.

1. Chaque mesure simple a une mesure composée correspondante, et réciproquement.

2. Deux mesures correspondantes, l'une simple, l'autre composée, ont le même nombre de temps; elles diffèrent par les chiffres indicateurs et par l'unité de temps qui est formée d'une valeur simple dans la mesure simple où le temps est binaire, et de la même valeur, mais pointée, dans la mesure composée où le temps est ternaire.

3. Une mesure simple étant donnée, on obtient les chiffres indicateurs de la mesure composée correspondante en *multipliant* le chiffre supérieur de cette mesure simple par 3 et le chiffre inférieur par 2. — Au contraire, une mesure composée étant donnée, on obtient les chiffres indicateurs de la mesure simple correspondante en *divisant* le chiffre supérieur de cette mesure composée par 3 et le chiffre inférieur par 2.

Exemples :

Mesure simple . $\mathbf{\frac{2}{4}} \left\{ \begin{matrix} 2 \times 3 = 6 \\ 4 \times 2 = 8 \end{matrix} \right\} \mathbf{\frac{6}{8}}$ Mesure composée correspondante.

Mesure composée. $\mathbf{\frac{9}{16}} \left\{ \begin{matrix} 9 : 3 = 3 \\ 16 : 2 = 8 \end{matrix} \right\} \mathbf{\frac{3}{8}}$ Mesure simple correspondante.

Tableau comparatif des mesures simples et des mesures composées.

	MESURES SIMPLES.				MESURES COMPOSÉES.		
	chiffres indic.	unité de mesure.	unité de temps		chiffres indic.	unité de mesure.	unité de temps.
MESURES A 2 TEMPS.	2/1	𝅜	𝅝	2 x 3 = 6 1 x 2 = 2	6/2	𝅜·	𝅝·
	2/2	𝅝	𝅗𝅥	2 x 3 = 6 2 x 2 = 4	6/4	𝅝·	𝅗𝅥·
	2/4	𝅗𝅥	𝅘𝅥	2 x 3 = 6 4 x 2 = 8	6/8	𝅗𝅥·	𝅘𝅥·
	2/8	𝅘𝅥	𝅘𝅥𝅮	2 x 3 = 6 8 x 2 = 16	6/16	𝅘𝅥·	𝅘𝅥𝅮·
MESURES A 3 TEMPS.	3/1	𝅜·	𝅝	3 x 3 = 9 1 x 2 = 2	9/2	𝅜· ⁀ 𝅝·	𝅝·
	3/2	𝅝·	𝅗𝅥	3 x 3 = 9 2 x 2 = 4	9/4	𝅝· ⁀ 𝅗𝅥·	𝅗𝅥·
	3/4	𝅗𝅥·	𝅘𝅥	3 x 3 = 9 4 x 2 = 8	9/8	𝅗𝅥· ⁀ 𝅘𝅥·	𝅘𝅥·
	3/8	𝅘𝅥·	𝅘𝅥𝅮	3 x 3 = 9 8 x 2 = 16	9/16	𝅘𝅥· ⁀ 𝅘𝅥𝅮·	𝅘𝅥𝅮·
MESURES A 4 TEMPS.	4/1	𝅜 ⁀ 𝅜	𝅝	4 x 3 = 12 1 x 2 = 2	12/2	𝅜· ⁀ 𝅜·	𝅝·
	4/2	𝅜	𝅗𝅥	4 x 3 = 12 2 x 2 = 4	12/4	𝅜·	𝅗𝅥·
	4/4	𝅝	𝅘𝅥	4 x 3 = 12 4 x 2 = 8	12/8	𝅝·	𝅘𝅥·
	4/8	𝅗𝅥	𝅘𝅥𝅮	4 x 3 = 12 8 x 2 = 16	12/16	𝅗𝅥·	𝅘𝅥𝅮·

SYNCOPE. — CONTRETEMPS.

1. La **syncope** est un son qui, articulé sur un temps faible ou sur la partie faible d'un temps, se prolonge sur un temps fort ou sur la partie forte d'un temps.

Ex. : 

2. Il y a deux espèces de syncopes : la syncope égale et la syncope inégale.

3. La **syncope égale** est celle dont les deux parties ont la même durée, et la **syncope inégale** celle dont l'une des parties est plus longue que l'autre ([1]).

Ex. : 

4. Le **contretemps** est un son qui, articulé sur un temps faible ou sur la partie faible d'un temps, ne se prolonge pas comme la syncope, sur un temps fort ou sur la partie forte d'un temps. La seconde partie du contretemps est donc toujours formée d'un silence, tandis que la seconde partie de la syncope est toujours formée de la prolongation du son précédent.

Ex. : 

5. Il y a deux espèces de contretemps : le contretemps égal et le contretemps inégal.

([1]) La première partie de la syncope commence là où a lieu l'articulation du son ; la deuxième partie commence sur le temps fort ou sur la partie forte suivant immédiatement.

6. Le **contretemps égal** est celui dont les deux parties (note et silence) ont la même durée, et le **contretemps inégal**, celui dont l'une des parties est plus longue que l'autre.

QUESTIONNAIRE

LA MESURE. — BARRES DE MESURE. — MESURE. — TEMPS. CHIFFRES INDICATEURS.

1. Qu'est-ce que la **mesure** ?

2. Qu'est-ce que les **barres de mesure** ?

3. Qu'est-ce que la **double barre de mesure** ? Qu'est-ce que la **double barre de séparation** et comment emploie-t-on les doubles barres ?

4. Qu'est-ce que les **mesures** et que renferment-elles dans un même morceau ?

5. Qu'est-ce que les **temps** ?

6. A combien de temps peuvent se battre les mesures ?

7. Qu'est-ce que les temps **binaires** ? Qu'est-ce que les temps **ternaires** ?

8. Qu'est-ce que les **temps forts** et les **temps faibles** ? Qu'est-ce que les parties fortes et les parties faibles des temps ?

9. Quels sont les temps forts et les temps faibles dans les mesures ? Quelles sont les parties fortes et les parties faibles des temps ?

10. Comment indique-t-on les différentes mesures et comment les énonce-t-on ?

11. Comment sont disposés les chiffres indicateurs des mesures et quelle est leur signification ?

12. Quelles sont les abréviations employées dans l'indication des mesures ?

13. Où se placent les chiffres indicateurs ?

Mesures simples.

1. Combien y a-t-il d'espèces de mesures?
2. Qu'est-ce que les **mesures simples** ?
3. Qu'est-ce que l'**unité de temps** et quelles sont les figures de notes pouvant former l'unité de temps dans les mesures simples ?
4. Quelle est la signification des chiffres indicateurs dans les mesures simples ?
5. Quels sont les chiffres indicateurs des mesures simples ?
6. Combien y a-t-il de mesures simples et quelles sont-elles ?
7. Quelles sont les mesures simples les plus usitées ?

Mesures composées.

1. Qu'est-ce que les **mesures composées** ?
2. Quelles sont les figures de notes pouvant former l'unité de temps dans les mesures composées ?
3. Quelle est la signification des chiffres indicateurs dans les mesures composées ?
4. Quels sont les chiffres indicateurs des mesures composées ?
5. Combien y a-t-il de mesures composées et quelles sont-elles ?
6. Quelles sont les mesures composées les plus usitées ?

Rapport entre les mesures simples et les mesures composées.

1. Chaque mesure simple a-t-elle une mesure composée correspondante, et réciproquement ?

2. Deux mesures correspondantes, l'une simple, l'autre composée, ont-elles le même nombre de temps, et par quoi diffèrent-elles ?

3. Comment obtient-on les chiffres indicateurs d'une mesure composée correspondant à une mesure simple donnée, et réciproquement ?

SYNCOPE. — CONTRETEMPS.

1. Qu'est-ce que la **syncope** ?

2. Combien y a-t-il d'espèces de syncope ?

3. Qu'est-ce que la **syncope égale** et qu'est-ce que la **syncope inégale** ?

4. Qu'est-ce que le **contretemps** ?

5. Combien y a-t-il d'espèces de contretemps ?

6. Qu'est-ce que le **contretemps égal** et qu'est-ce que le **contretemps inégal** ?

DEVOIR

91. Qu'est-ce que la division d'un morceau en parties égales ?

92. A quoi servent les barres de mesure ?

93. *a*. Si une 𝅝 forme la totalité d'une mesure, combien faudra-t-il de ♪ pour remplir cette mesure ? — *b*. de ♩ ?

94. *a*. Si une ♩ forme la totalité d'une mesure, combien faudra-t-il de 𝅘𝅥𝅯 pour remplir cette mesure ? — *b*. de 𝅘𝅥𝅲 ? — *c*. de ♪ ?

95. En combien de parties peut se diviser une mesure et comment se nomment ces parties ?

96. Comment se battent le premier et le dernier temps dans toutes les mesures?

97. Quelles sont les mesures n'ayant qu'un temps fort?

98. *a*. Quels sont les temps faibles de la mesure à quatre temps? — *b*. à trois temps? — *c*. à deux temps?

99. Y a-t-il plusieurs mesures ayant un temps demi-fort?

100. Est-il des temps ayant plusieurs parties faibles?

101. Quelles figures de notes représentent les chiffres, **1**, **2**, **4**, **8**, **16**?

102. Quelle est, dans les mesures, la signification des chiffres suivants : $\frac{2}{1}$, 4, $\frac{3}{8}$, $\frac{4}{2}$, 2, $\frac{6}{4}$, 3, $\frac{12}{2}$, $\frac{4}{1}$, C, ₵?

103. Quelles sont les abréviations les plus usitées dans l'indication des mesures?

104. Quel est le chiffre supérieur dans les mesures simples?

105. Combien y a-t-il de mesures simples le plus généralement usitées?

106. Quelle est l'unité de temps de la mesure à C?

107. Comment doit-on chiffrer une mesure à trois temps ayant une o comme unité de temps?

108. Quelles sont les mesures ayant la ♪ comme unité de temps?

109. Quelle est l'unité de mesure d'une mesure à $\frac{3}{2}$?

110. Quels sont les chiffres indicateurs d'une mesure à quatre temps ayant une 𝅗𝅥 par temps?

111. Faites un tableau de toutes les mesures simples : chiffres indicateurs, valeurs formant chaque mesure et unités de temps?

112. Qu'est-ce que la mesure à $\frac{2}{8}$?

113. A combien de temps se bat une mesure chiffrée $\frac{4}{8}$?

114. Combien faut-il de ♪ pour une mesure à $\frac{3}{4}$?

115. *a*. Combien la mesure à $\frac{2}{2}$ renferme-t-elle de 𝅘𝅥𝅯 ? — *b*. de ♩ ? *c*. de ♪♪♪ (3) ?

116. Quel est le chiffre supérieur dans les mesures composées ?

117. Combien y a-t-il de mesures composées le plus généralement usitées ?

118. Quelle est l'unité de temps de la mesure à $\frac{12}{8}$?

119. Comment doit-on chiffrer une mesure à trois temps ayant une 𝅝. comme unité de temps ?

120. Quelles sont les mesures ayant la ♪. comme unité de temps ?

121. Quelle est l'unité de mesure d'une mesure à $\frac{6}{4}$?

122. Quels sont les chiffres indicateurs d'une mesure à quatre temps ayant une 𝅗𝅥. par temps ?

123. Faites un tableau de toutes les mesures composées : chiffres indicateurs, valeurs formant chaque mesure et unités de temps ?

124. Qu'est-ce que la mesure à $\frac{6}{8}$?

125. A combien de temps se bat une mesure chiffrée $\frac{12}{16}$?

126. Combien faut-il de ♪ pour une mesure à $\frac{12}{8}$?

127. Combien la mesure à $\frac{6}{4}$ renferme-t-elle de 𝅘𝅥𝅯 ?

128. Quelle est la valeur d'une ♩ dans les mesures suivantes : $\frac{2}{1}$, $\frac{6}{8}$, $\frac{4}{2}$, $\frac{3}{8}$?

129. Quelle est la mesure composée de la mesure à $\frac{3}{8}$?

130. Quelle est la mesure simple de la mesure à $\frac{6}{4}$?

131. Quelle est la mesure composée de celle qui a la ♩. comme unité de mesure ?

132. Quelles sont les mesures simples de celles qui ont la ♩. comme unité de temps ?

133. *a*. Comment indique-t-on le silence d'une mesure à $\frac{2}{8}$? — *b*. à $\frac{3}{1}$? — *c*. à $\frac{6}{4}$?

134. Combien pourrait-on former de syncopes égales en 𝅘𝅥𝅯 dans une mesure à $\frac{3}{8}$?

135. Formez des contretemps égaux dans une mesure à $\frac{3}{4}$ au moyen de ♪ et de 𝄾 ?

CHAPITRE V

TON

Ton. — Demi-tons. — Notes synonymes. — Genres.

1. Le **ton** est la plus grande distance séparant deux degrés diatoniques conjoints (¹). (On entend par degrés ou notes diatoniques des notes appartenant à une même gamme diatonique) (²).

EXEMPLES DE TONS.

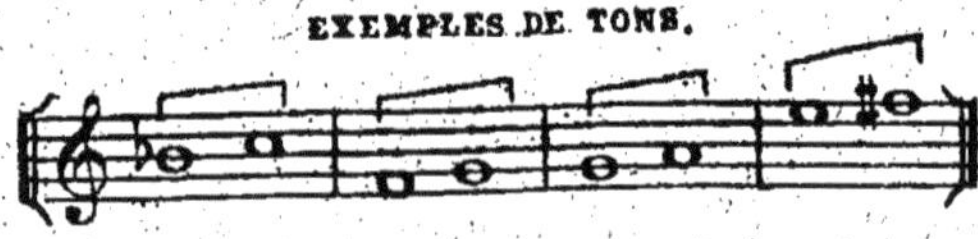

(¹) Le mot ton a une autre signification : Voir Chapitre VII : *Ton*, § 3.
(²) Chapitre VII. *Gamme diatonique*, § 1.

2. Le **demi-ton** est la plus petite distance séparant deux degrés conjoints.

3. Il y a deux espèces de demi-tons : le demi-ton diatonique et le demi-ton chromatique.

4. Le **demi-ton diatonique** est celui qui est formé de deux notes de noms différents, et le **demi-ton chromatique** celui qui est formé de deux notes de même nom, dans un état différent.

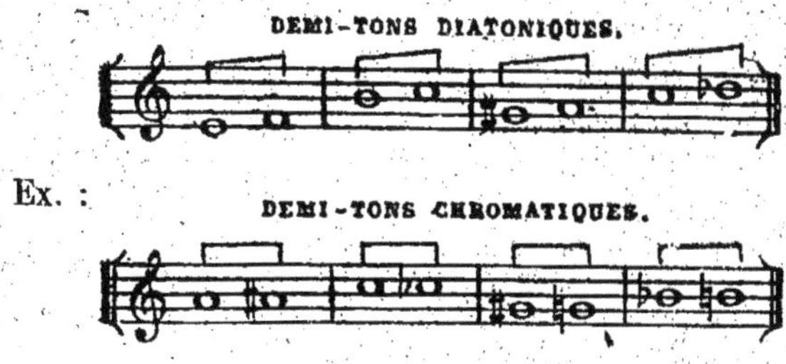

5. Un ton peut être divisé en deux demi-tons au moyen d'une note intermédiaire obtenue par l'altération de l'une des deux notes formant le ton.

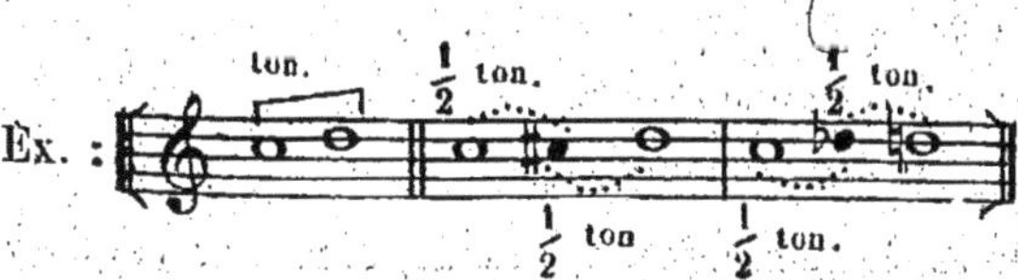

La note qui sert à la division d'un ton en deux demi-tons se nomme **note chromatique**, et les deux demi-tons formant un ton sont toujours, l'un chromatique, l'autre diatonique.

6. On appelle **notes synonymes** ou **enharmoniques** des notes qui sous des noms différents ont la même intonation.

Ex. : 

7. Les **genres** en musique consistent dans les différentes manières dont se succèdent les sons.

8. Il y a trois genres : le **genre diatonique** où les sons se succèdent par intervalles diatoniques (1); le **genre chromatique** où les sons se succèdent par intervalles chromatiques (1), et le **genre enharmonique** qui consiste dans le passage d'une note à sa note synonyme.

EXEMPLE :

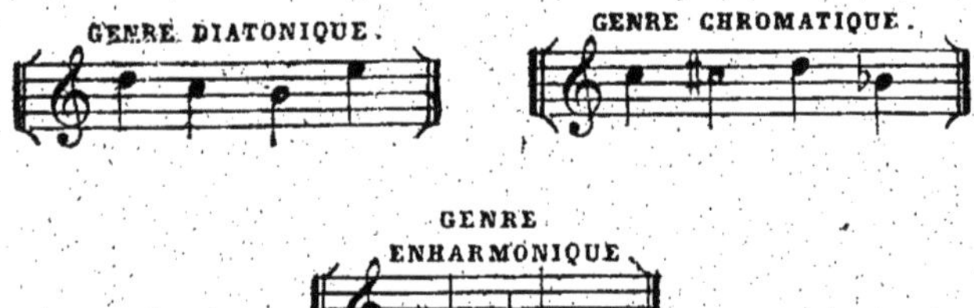

QUESTIONNAIRE

TON. — DEMI-TONS. — NOTES SYNONYMES. — GENRES.

1. Qu'est-ce que le **ton** ?
2. Qu'est-ce que le **demi-ton** ?
3. Combien y a-t-il d'espèces de demi-tons ?
4. Qu'est-ce que le **demi-ton diatonique** et qu'est-ce que le **demi-ton chromatique** ?

(1) CHAPITRE VI. *Intervalles diatoniques et intervalles chromatiques*, § 2.

5. Un ton peut-il être divisé en demi-tons?
6. Qu'est-ce que les **notes synonymes**?
7. Qu'est-ce que les **genres** en musique?
8. Combien y a-t-il de genres et quels sont-ils?

DEVOIR

136. Combien y a-t-il de tons de **Fa** à **La**?

137. De quelle espèce sont les demi-tons formant un ton?

138. *a*. Quelle distance y a-t-il de **Si** à **Ut**? — *b*. de **Fa** à **Sol**?

139. *a*. Quelle espèce de demi-ton y a-t-il de **Mi** à **Mi** ♯? — *b*. de **Ré** à **Mi** ♭?

140. Quelle note formerait un demi-ton chromatique sur **Sol** ♭?

141. Donnez des exemples de demi-tons diatoniques?

142. Donnez des exemples de demi-tons chromatiques?

143. Quelle note devrait-on placer entre **Ré, Mi** pour que le demi-ton chromatique se présente le deuxième?

144. Comment nomme-t-on une note servant à la division d'un ton en demi-tons?

145. Quelle est la note synonyme de **Sol** ♯?

CHAPITRE VI

INTERVALLES

INTERVALLE. — NOMS DES INTERVALLES. — INTERVALLES SUPÉRIEURS ET INTERVALLES INFÉRIEURS.

1. On appelle **intervalle** la distance d'un son à un autre.

2. Les intervalles sont désignés par les noms de : **première** ou **unisson** (1), **seconde**, **tierce**, **quarte**, **quinte**, **sixte**, **septième**, **octave**, **neuvième**, **dixième**, etc., selon qu'ils renferment un, deux, trois, quatre, cinq, six, sept, huit, neuf, dix degrés différents. — Un intervalle tire donc son nom du nombre de degrés différents qu'il contient.

EXEMPLE :

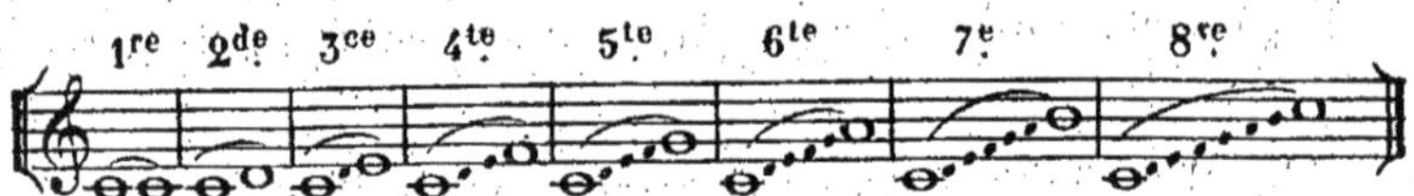

3. Un intervalle pris du grave à l'aigu est **supérieur** ou **ascendant**; pris de l'aigu au grave, il est **inférieur** ou **descendant**.

Ex. :

On énonce généralement les intervalles du grave à l'aigu, et quand on ne spécifie rien dans l'énoncé d'un intervalle, il

(1) L'unisson ou première Juste est un intervalle nul, c'est le point de départ des intervalles.

est d'usage de le considérer comme intervalle supérieur : ainsi, si l'on parle de la tierce de **Do**, c'est la note **Mi** qu'il faut avoir en vue et non la note **La**.

Intervalles simples et Intervalles composés

1. Il y a deux espèces principales d'intervalles : les intervalles simples et les intervalles composés.

2. Les **intervalles simples** sont ceux dont les deux notes extrêmes sont contenues dans une octave, c'est-à-dire tous les intervalles jusqu'à l'octave Juste [1] inclusivement. — Les **intervalles composés** sont ceux qui excèdent l'octave, c'est-à-dire tous les intervalles à partir de l'octave augmentée [1] inclusivement.

3. Les intervalles composés dérivent tous des intervalles simples dont ils ne sont que la réplique à une ou plusieurs octaves de distance.

Ex. :

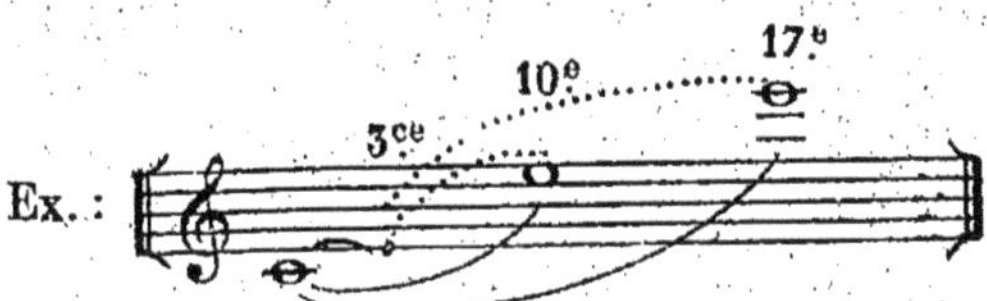

4. Les intervalles composés se divisent en intervalles redoublés, triplés, quadruplés, etc. On entend par **intervalles redoublés, triplés, quadruplés,** etc., ceux qui contiennent leurs notes extrêmes, deux, trois, quatre fois, etc.

Ex. :

(1) Voir : Même Chapitre. *Qualifications des intervalles,* § 3.

5. Pour connaître l'intervalle composé, c'est-à-dire redoublé, triplé, etc., d'un intervalle simple, il faut ajouter 7 au nombre représentant l'intervalle simple, autant de fois qu'on veut de redoublements.

Exemple : *Le redoublement de la 2de à deux octaves est la 16e :* « 2 + 7 + 7 = 16. »

Pour connaître l'intervalle simple d'un intervalle composé, il suffit de retrancher 7 du nombre représentant l'intervalle composé jusqu'à ce que le reste soit inférieur à 8 et ce reste représente l'intervalle simple. »

Exemple : *L'intervalle simple d'une 18e est la 4te :* « *18 — 7 = 11 — 7 = 4.*

Qualifications des intervalles.

1. Les intervalles de même nom ne sont pas tous égaux, c'est-à-dire qu'il y a plusieurs espèces de 1res, de 2des, de 3ces, etc..., et pour désigner ces différentes sortes d'intervalles, on emploie diverses qualifications. *Exemple de 6tes différentes :* **Do La** 𝄫 — **Do La** ♭ — **Do La** — **Do La** ♯.

2. Les qualifications des intervalles sont : **Juste, Majeur, mineur, augmenté, diminué, sur-augmenté, sous-diminué,** et ces qualifications s'appliquent aux intervalles selon le nombre de tons et de demi-tons qu'ils renferment et aussi selon l'espèce de ces demi-tons.

3. Il y a pour les intervalles deux qualifications principales : celle de **Majeur,** applicable à la 2de, à la 3ce, à la 6te et à la 7e, et celle de **Juste,** applicable à la 4te, à la 5te, à l'8ve et à la 1re. Selon que l'on ajoute ou que l'on retire un ou plusieurs demi-tons chromatiques à l'intervalle Majeur ou Juste, il change de qualification.

EXEMPLES :

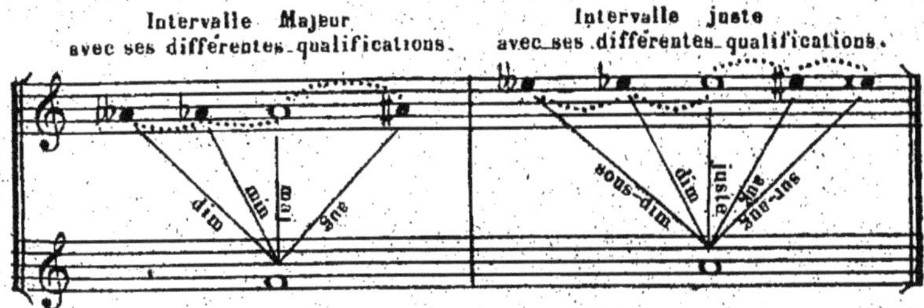

Mineur signifie donc plus petit d'un demi-ton chromatique que Majeur ; diminué, plus petit d'un demi-ton chromatique que mineur ou que Juste ; augmenté, plus grand d'un demi-ton chromatique que Majeur ou que Juste ; sous-diminué, plus petit d'un demi-ton chromatique que diminué ; et sur-augmenté, plus grand d'un demi-ton chromatique qu'augmenté.

Les intervalles de 2de, 3^{ce}, 6te, 7e } peuvent être : *diminués, mineurs, Majeurs, augmentés.*

Les intervalles de 4te, 5te } peuvent être : *sous-diminués, diminués, Justes, augmentés, sur-augmentés.*

L' 8^{ve} } peut être : *diminuée, Juste, augmentée.*

La 1re } peut être : *Juste, augmentée.*

Les intervalles composés portent les mêmes qualifications que les intervalles simples dont ils dérivent.

4. La composition d'un intervalle en indique la qualification ; mais il est un moyen beaucoup plus simple de connaître la qualification des intervalles : sur la tonique d'une gamme Majeure [1] on ne peut former avec les autres notes de cette même gamme que des intervalles Majeurs ou Justes ;

il suffit donc de considérer la note grave de l'intervalle donné comme tonique [2] d'une gamme Majeure et de voir si la note aiguë de cet intervalle fait partie de cette même gamme Majeure. Si elle en fait partie, l'intervalle est Majeur ou Juste, selon celle de ces deux qualifications qui lui est applicable ; si, au contraire, elle y est étrangère, il faut voir combien de demi-tons chromatiques supérieurs ou inférieurs la séparent de la note formant dans la gamme le même intervalle Majeur ou Juste, et lui donner d'après cela sa qualification.

Exemple :

1ères	2des	3ces	4tes	5tes	6tes	7es	8ves
j. a.	d. m. M. a.	d. m. M. a.	s. d. d. j. a. s. a.	s. d. d. j. a. s. a.	d. m. M. a.	d. m. M. a.	d. j. a.

---

[1] Chapitre VIII. *Mode*, § 2.

[2] Chapitre VII. *Noms des divers degrés de la gamme*, § 4.

RENVERSEMENT DES INTERVALLES.

1. Renverser un intervalle, c'est transporter la note grave de cet intervalle à l'octave supérieure ou sa note aiguë à l'octave inférieure. De cette façon, la note grave devient note aiguë et réciproquement.

Ex. : 

2. Seuls les intervalles simples, jusqu'à l'octave Juste inclusivement, peuvent se renverser. Le renversement est impraticable pour les intervalles composés, car la note grave transportée à l'octave supérieure resterait quand même au grave et réciproquement.

Ex. : 

3. Dans le renversement, l'unisson devient octave ; la seconde, septième ; la tierce, sixte ; la quarte, quinte ; la quinte, quarte ; la sixte, tierce ; la septième, seconde ; et l'octave, unisson.

Ex. : 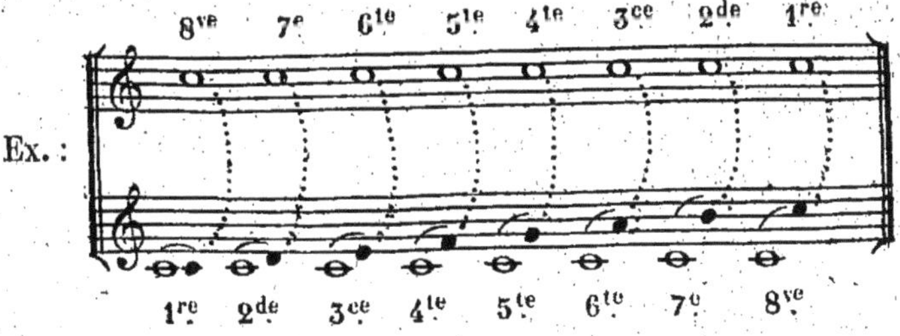

Il est facile de reconnaître le renversement d'un intervalle en remarquant que tout intervalle additionné avec son renversement produit toujours le nombre 9.

Ex. :
Intervalles :	1re	2de	3ce	4te	5te	6te	7e	8ve.
Renversements :	8ve	7e	6te	5te	4te	3ce	2de	1re.
	9	9	9	9	9	9	9	9.

Ce qu'il faut ajouter au nombre représentant l'intervalle pour arriver à 9 indique donc le renversement.

4. Plus un intervalle est grand, plus son renversement est petit et réciproquement.

Par conséquent, dans le renversement				
	un intervalle	*Sous-diminué*	devient	*Sur-augmenté*
	—	*Diminué*	—	*Augmenté*
	—	*mineur*	—	*Majeur*
	—	*Majeur*	—	*mineur*
	—	*Augmenté*	—	*Diminué*
	—	*Sur-augmenté*	—	*Sous-diminué*

Seuls, les intervalles *Justes* restent *Justes*.

Intervalles conjoints et intervalles disjoints. Intervalles diatoniques et intervalles chromatiques. Intervalles mélodiques et intervalles harmoniques.

1. Un **intervalle conjoint** est celui dont les deux notes se suivent immédiatement sans avoir entre elles de degrés diatoniques; un **intervalle disjoint** est celui dont les deux notes sont séparées par un ou plusieurs degrés diatoniques. Les intervalles, jusqu'à la seconde Majeure inclusivement, sont des intervalles conjoints; tous les autres sont des intervalles disjoints, à l'exception de la seconde augmentée, considérée en mineur [1], comme intervalle conjoint.

---

(1) Chapitre VIII. *Composition de la gamme mineure*, § 3.

2. Un **intervalle diatonique** est celui qui est formé de deux notes diatoniques ([1]).

Un **intervalle chromatique** est celui qui est formé d'une note diatonique et d'une note chromatique, ou de deux notes chromatiques ([2]).

3. On entend par **intervalle mélodique** celui dont les deux notes se produisent successivement dans une même partie, et par **intervalle harmonique** celui dont les deux notes se produisent simultanément.

EXEMPLE :

QUESTIONNAIRE

INTERVALLE. — NOMS DES INTERVALLES. — INTERVALLES SUPÉRIEURS ET INTERVALLES INFÉRIEURS.

1. Qu'est-ce qu'un **intervalle** ?

2. Quels sont les intervalles, et d'où un intervalle tire-t-il son nom ?

([1]) CHAPITRE V. *Ton*, § 1.
([2]) CHAPITRE V. *Ton*, § 5.

3. Qu'est-ce qu'un **intervalle supérieur** et un **intervalle inférieur** ?

Intervalles simples et intervalles composés.

1. Quelles sont les principales espèces d'intervalles ?

2. Qu'est-ce que les **intervalles simples** ? Qu'est-ce que les **intervalles composés** ?

3. D'où dérivent les intervalles composés ?

4. Qu'est-ce que les **intervalles redoublés, triplés,** etc. ?

5. Comment connaît-on l'intervalle composé d'un intervalle simple, et réciproquement ?

Qualifications des intervalles.

1. Les intervalles de même nom sont-ils tous égaux ?

2. Quelles sont les qualifications des intervalles ?

3. Comment applique-t-on les qualifications des intervalles ?

4. Comment peut-on connaître facilement la qualification d'un intervalle ?

Renversements des intervalles.

1. Qu'est-ce que renverser un intervalle ?

2. Quels sont les intervalles qui peuvent se renverser ? Pourquoi ne renverse-t-on pas les intervalles composés ?

3. Que deviennent les intervalles dans le renversement ? Comment peut-on reconnaître facilement le renversement d'un intervalle ?

4. Que deviennent les qualifications d'un intervalle dans le renversement ?

Intervalles conjoints et Intervalles disjoints. Intervalles diatoniques et Intervalles chromatiques. Intervalles mélodiques et Intervalles harmoniques.

1. Qu'est-ce qu'un **intervalle conjoint** et qu'est-ce qu'un **intervalle disjoint?** Quels sont ces intervalles?

2. Qu'est-ce qu'un **intervalle diatonique**? Qu'est-ce qu'un **intervalle chromatique**?

3. Qu'entend-on par **intervalle mélodique** et par **intervalle harmonique**?

DEVOIR

146. Comment se nomme un intervalle contenant cinq degrés différents?

147. Combien la 4te contient-elle de degrés différents?

148. Qu'est-ce qu'une 2de?

149. Comment énonce-t-on généralement les intervalles?

150. Quelle est la 5te de **Ré**?

151. Quelle est la 6te supérieure de **La** et sa 6te inférieure?

152. Donnez des exemples de 7es supérieures?

153. Donnez des exemples de 3[ces] inférieures?

154. Comment se nomme un intervalle excédant l'8[ve]?

155. *a*. Quel est l'intervalle simple d'une 14e? — *b*. d'une 20e?

156. *a*. Quel est le redoublement de la 3[ce]? — *b*. celui de l'8[ve]?

157. Quels sont les intervalles qui peuvent avoir la qualification de Majeur?

158. Combien la 3[ce] peut-elle avoir de qualifications?

159. Quelles sont les qualifications que peuvent porter les intervalles composés ?

160. De quel intervalle simple dérive la 12e augmentée ?

161. *a*. Quel intervalle y a-t-il de **Fa** à **Si** ♭? — *b*. De **Ré** à **Fa** ?

162. *a*. Quelle est la 2de Majeure de **La** ? — *b*. l'8ve diminuée d'**Ut** ♯ ?

163. *a*. Formez sur **La** une 2de mineure ? — *b*. une 5te Juste ? — *c*. une 7e Majeure ?

164. Peut-on renverser tous les intervalles ?

165. *a*. Quel est le renversement d'une 6te Majeure ? — *b*. d'une 4te Juste ? — *c*. d'une 2de mineure ? — *d*. d'une 5te diminuée ? — *e*. d'une 3ce augmentée ?

166. La 2de Majeure est-elle un intervalle conjoint ?

167. La 3ce mineure est-elle un intervalle conjoint ?

CHAPITRE VII

TONALITÉ [1]

GAMME DIATONIQUE. — TON. — NOMS DES DIVERS DEGRÉS DE LA GAMME.

1. La **gamme diatonique** est une série de sons montant ou descendant par degrés diatoniques conjoints et dans un ordre donné.

---

[1] La *tonalité* est le principe constitutif de la gamme, c'est-à-dire l'ensemble des règles qui servent à expliquer la formation de la gamme.

2. La gamme dans l'étendue d'une octave renferme cinq tons et deux demi-tons diatoniques ainsi disposés : deux tons, un demi-ton, trois tons, un demi-ton [1].

Ex. : 

Les tons sont donc placés du 1er au 2e degré, du 2e au 3e, du 4e au 5e, du 5e au 6e et du 6e au 7e ; et les demi-tons se trouvent du **3e** au **4e** degré et du **7e** au **8e**.

3. Le **ton** est l'ensemble des sons d'une gamme diatonique. Tout morceau de musique est écrit au moyen des sons d'une gamme, et pour désigner quelle gamme a servi à une composition quelconque, on dit : ce morceau est en tel ton, et non en telle gamme. — Le ton et la gamme représentent donc le même ensemble de sons, mais le mot ton n'indique pas, comme le mot gamme, que les notes doivent se suivre conjointement dans un ordre donné.

4. Chaque degré de la gamme, outre son numéro d'ordre, a un nom particulier indiquant sa fonction ou sa place dans la gamme. Ces noms sont :

Tonique.	Sus-tonique.	Médiante.	Sous-dominante.	Dominante.	Sus-dominante.	Note sensible.
1er degré.	2e degré.	3e degré.	4e degré.	5e degré.	6e degré.	7e degré.

Le 1er degré se nomme **tonique**, parce qu'il sert à désigner le ton ; le 5e se nomme **dominante**, parce qu'après la tonique il est le plus important ; et les autres degrés tirent leur nom de la place qu'ils occupent par rapport à ces deux-là : **médiante** signifie entre la tonique et la dominante ;

(1) Il y a deux espèces de gammes diatoniques : la gamme Majeure et la gamme mineure. (Voir CHAPITRE VIII. *Mode Majeur et mode mineur*, § 4.) Il n'est question ici que de la gamme Majeure.

sus-tonique au-dessus de la tonique ; **sous-dominante** au-dessous de la dominante ; **sus-dominante** au-dessus de la dominante ; et **sensible** veut dire qui fait pressentir la tonique.

Gamme modèle. — Génération des tons. — Progression des altérations.

1. La gamme d'**Ut**, qui seule est formée sans le secours d'aucune altération, a été prise comme **gamme modèle.** On peut établir une gamme sur une tonique quelconque, pourvu que l'on dispose les tons et les demi-tons dans le même ordre que ceux de la gamme d'**Ut**. Toutes les gammes sont ainsi conformes à la gamme modèle d'**Ut** et par conséquent semblables entre elles, c'est-à-dire d'une forme absolument identique. C'est au moyen d'altérations qu'on obtient cette même disposition des sons dans toutes les gammes.

Exemple :

*Gamme modèle d'***Ut**

Gammes établies sur **Sol**

Fa

Chaque gamme se désigne par sa tonique. Les gammes de l'exemple précédent se nomment donc gammes d'**Ut**, de **Sol**, de **Fa**.

2. Le ton d'**Ut** est le point central de la génération des tons. A partir du ton d'**Ut**, les tons diésés se produisent de quinte en quinte Juste en montant, et les tons bémolisés de quinte en quinte Juste en descendant.

3. Les altérations se succèdent de quinte en quinte Juste en montant pour les dièses et les doubles dièses, et de quinte en quinte Juste en descendant pour les bémols et les doubles bémols. — Les dièses et les bémols constitutifs se placent à la clé dans l'ordre de leur progression.

Ex. : 

NOMBRE DES TONS. — TONS SYNONYMES OU ENHARMONIQUES.

1. Il y a quinze tons principaux : le ton d'**Ut**, sept tons avec des dièses et sept tons avec des bémols.

EXEMPLE :

Tons.	Armatures.
Ut ♯	7 ♯
Fa ♯	6 ♯
Si	5 ♯
Mi	4 ♯
La	3 ♯
Ré	2 ♯
Sol	1 ♯
UT	0
Fa	1 ♭
Si ♭	2 ♭
Mi ♭	3 ♭
La ♭	4 ♭
Ré ♭	5 ♭
Sol ♭	6 ♭
Ut ♭	7 ♭

2. On peut facilement connaître l'armature d'un ton, ou un ton par son armature, en remarquant que le *dernier dièse* est toujours sur le 7e *degré* et le *dernier bémol* sur le *4e* : le dernier dièse est donc une 2de mineure (un demi-ton diatonique) au-dessous de la tonique et réciproquement, et le dernier bémol, une 5te Juste au-dessous de la tonique et réciproquement.

EXEMPLE :

On peut aussi pour les tons bémolisés (à l'exception du ton de **Fa** qui n'a qu'un bémol), remarquer que l'*avant-dernier bémol* est sur la *tonique*.

Ex. : 

3. Les **tons synonymes** ou **enharmoniques** sont ceux qui ont comme degrés correspondants des notes synonymes. Ainsi, parmi les quinze tons principaux, les trois derniers tons diésés et les trois derniers tons bémolisés sont des tons synonymes.

QUESTIONNAIRE

GAMME DIATONIQUE. — TON. — NOMS DES DIVERS DEGRÉS DE LA GAMME.

1. Qu'est-ce que la **gamme diatonique** ?

2. Combien la gamme renferme-t-elle de tons et de demi-tons diatoniques, et comment sont-ils disposés ?

3. Qu'est-ce que le **ton**, et quelle différence y a-t-il entre le mot *ton* et le mot *gamme* ?

4. Quel est le nom particulier de chaque degré de la gamme et d'où viennent ces noms?

Gamme modèle. — Génération des tons. Progression des altérations.

1. Quelle est la **gamme modèle**? Comment toutes les gammes peuvent-elles être conformes à la gamme d'**Ut**, et comment les désigne-t-on?

2. Quel est le point central de la génération des tons et dans quel ordre les tons se produisent-ils?

3. Comment les altérations se succèdent-elles et dans quel ordre les place-t-on à la clé?

Nombre des tons. — Tons synonymes ou enharmoniques.

1. Combien y a-t-il de tons principaux?

2. Comment peut-on connaître facilement l'armature d'un ton ou un ton par son armature?

3. Qu'est-ce que les tons **synonymes** ou **enharmoniques**?

DEVOIR

168. L'espace est-il le même entre tous les degrés de la gamme?

169. Peut-on, dans le ton d'**Ut** et dans la gamme d'**Ut**, passer directement du **Mi** au **Sol**?

170. Qu'indique le nom particulier donné à chaque degré de la gamme ?

171. *a*. Comment nomme-t-on dans une gamme le 4e degré? — *b*. le 7e? — *c*. le 3e?

172. Quelle est la dominante du ton de **Fa** ♯?

173. Quelle est la note sensible du ton de **Ré** ♭?

174. Quelle est la médiante du ton de **Sol** Majeur?

175. Quelle est la sus-tonique du ton de **Si** ♭?

176. *a*. Quel est en Majeur la dominante du ton de **La**? — *b*. sa note sensible? — *c*. sa médiante? — *d*. sa sus-tonique?

177. *a*. Quel est en Majeur le ton dont la dominante est **Fa** ♯? — *b*. celui dont la note sensible est **Ré**?

178. Que devient la médiante de **Mi** ♭ Majeur en **Ré**?

179. Dans quel ton Majeur la sous-dominante de **Si** deviendra-t-elle médiante?

180. Peut-on établir une gamme en prenant comme tonique un **Ré** 𝄫?

181. *a* Quel nom porte en Majeur la gamme dont le 5e degré est **La**? — *b*. le 7e, **La** ♯?

182. Dans l'ordre de leur génération, quels tons se trouvent au-dessous du ton d'**Ut** Majeur?

183. De quelles notes sont formés les demi-tons dans la gamme de **Mi** Majeur?

184. *a*. Quelle est la tonique lorsque le dernier ♯ est **Ré**? — *b*. le dernier ♭ est **La**?

185. Quand la tonique est **Ré**, quel est le dernier ♯?

186. Quand la tonique est **La** ♭, quel est le dernier ♭?

187. *a*. Qu'y a-t-il à la clé en Majeur dans le ton de **La**? — *b*. de **Ré**? — *c*. de **Fa** ♯? — *d*. de **Mi**? — *e*. d'**Ut**?

188. *a.* Dans quel ton Majeur est-on avec 5 ♯? — *b.* 7 ♯? — *c.* 1 ♯?

189. *a.* Qu'y a-t-il à la clé en Majeur dans le ton de **Fa**? — *b.* de **La** ♭? — *c.* d'**Ut** ♭? — *d.* de **Si** ♭? — *e.* de **Ré** ♭?

190. *a.* Dans quel ton Majeur est-on avec 3 ♭? — *b.* 6 ♭?

191. Quel est le ton synonyme de celui de **Si** Majeur?

CHAPITRE VIII

MODE

Mode. — Mode majeur et mode mineur. — Composition de la gamme mineure. — Notes modales. — Note sensible en mineur.

1. Le **mode** est la manière d'être de la gamme diatonique.

2. La gamme diatonique a deux manières d'être, il y a par conséquent deux modes : le **mode Majeur** et le **mode mineur.**

3. La gamme mineure dans l'étendue d'une octave renferme quatre tons et demi et trois demi-tons diatoniques ainsi disposés : un ton, un demi-ton, deux tons, un demi-ton, un ton et demi, un demi-ton (1).

Ex. : 

4. La différence entre les deux espèces de gammes diatoniques consiste dans le nombre et la place des demi-tons, et dans l'espèce de la *première tierce* et de la *première sixte*.

---

(1) Il y a encore une gamme mineure d'une autre forme, la gamme mineure à deux demi-tons.

Ex. : 

Voir mon *Cours complet des Principes de la Musique*.

5. La gamme mineure contient trois demi-tons diatoniques placés du **2**e au **3**e degré, du **5**e au **6**e et du **7**e au **8**e.

6. Les **notes modales** sont celles qui forment 3ce et 6te sur la tonique. Selon que cette 3ce et cette 6te sont Majeures ou mineures, le mode est lui-même Majeur ou mineur. — Les notes modales sont donc ainsi nommées parce qu'elles caractérisent le mode.

Ex. :

7. La note sensible en mineur est obtenue au moyen d'une altération, qui n'est pas une altération constitutive et qui, par conséquent, ne peut jamais être placée à l'armature de la clé.

GAMME MODÈLE MINEURE. — PROGRESSION DES TONS ET DES ALTÉRATIONS DANS LE MODE MINEUR. — NOMBRE DES TONS MINEURS.

1. La gamme de **La mineur**, qui seule, comme la gamme d'**Ut** Majeur, est formée sans aucune altération constitutive, a été prise comme **Gamme modèle**. — En mineur comme en Majeur on peut établir une gamme sur une tonique quelconque.

2. A partir du ton de **La**, point central de la progression pes tons mineurs, les tons diésés et les dièses constitutifs se produisent, comme en Majeur, de quinte en quinte Juste en montant, les tons bémolisés et les bémols constitutifs, de quinte en quinte Juste en descendant.

3. Il y a, en mineur aussi, quinze tons principaux : le ton de **La**, sept tons avec des dièses et sept tons avec des bémols.

EXEMPLE :

Tons.	Armatures.
La ♯	7 ♯
Ré ♯	6 ♯
Sol ♯	5 ♯
Ut ♯	4 ♯
Fa ♯	3 ♯
Si	2 ♯
Mi	1 ♯
LA	0
Ré	1 ♭
Sol	2 ♭
Ut	3 ♭
Fa	4 ♭
Si ♭	5 ♭
Mi ♭	6 ♭
La ♭	7 ♭

TONS RELATIFS. — INDICES SERVANT A RECONNAITRE LE MODE.

1. Deux tons à distance de 3[ce] mineure, l'un Majeur, l'autre mineur, et ayant une même armature, se nomment **tons relatifs** (1).

Ex. :

(1) C'est le rapport, la grande relation qui existe entre ces tons, qui les a fait qualifier de tons relatifs.

2. Chaque ton Majeur a son relatif mineur à la *3ce mineure inférieure*, et réciproquement, chaque ton mineur a son relatif Majeur à la *3ce mineure supérieure.*

3. Deux gammes relatives ne diffèrent que par la note sensible du ton mineur et par la position de leurs notes (la gamme mineure étant à la 3ce mineure inférieure de la gamme Majeure relative, et réciproquement, il y a une 3ce de différence entre les degrés correspondants).

Ex. :

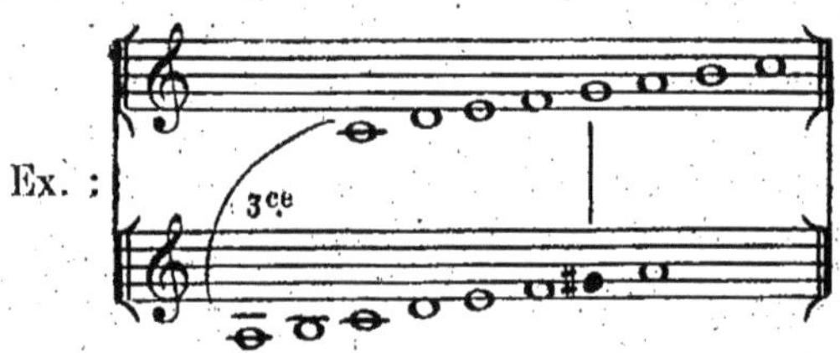

4. L'armature indique le ton et non le mode, puisqu'une même armature est commune à deux tons relatifs. — Dans la musique moderne, il y a deux moyens de distinguer l'un de l'autre deux tons relatifs : 1° par la *note sensible* du ton mineur, que l'on peut rencontrer dans les premières mesures du morceau, si le ton est mineur ; 2° par la *note de basse de la fin*, qui est toujours la tonique.

Tons voisins. — Modulation.

1. Les **tons voisins** sont ceux qui diffèrent par une altération en plus ou en moins. Ces tons Majeurs et ces tons mineurs sont ainsi nommés parce qu'ils se suivent immédiatement dans la génération des tons, et que, comme relatifs, ils ont entre eux un rapport direct.

2. Un ton a toujours cinq tons voisins : son relatif, les deux tons se trouvant l'un à sa 5te supérieure, l'autre à sa 5te inférieure, et les relatifs de ces deux tons.

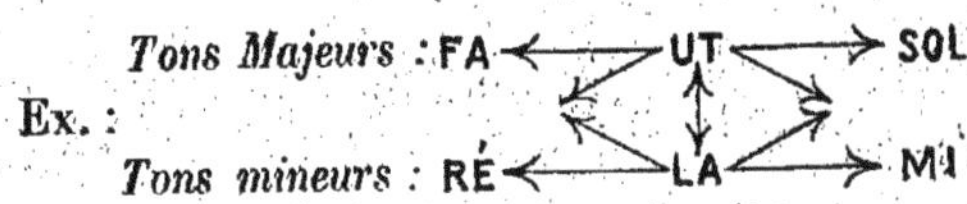

3. La **modulation** est le passage d'un ton dans un autre, ou d'un mode dans un autre. Elle a pour but d'éviter la monotonie.

4. La modulation est déterminée par une ou plusieurs notes étrangères au ton que l'on quitte et appartenant au ton dans lequel on passe. — Si la modulation est de courte durée, les altérations nouvelles se placent accidentellement devant les notes ; si, au contraire, elle est d'assez longue durée, on écrit en général la nouvelle armature après une double barre.

5. Les modulations les plus usitées sont : 1° la modulation aux *tons voisins*, la plus naturelle, parce que ces tons ont entre eux les rapports les plus directs ; 2° la modulation par *changement de mode*, dans laquelle seul le mode change, la tonique restant la même.

Gamme chromatique.

1. La **gamme chromatique** est celle qui est entièrement formée de demi-tons diatoniques et de demi-tons chromatiques. — Chaque gamme, Majeure ou mineure, peut être transformée en gamme chromatique.

2. Une gamme chromatique se forme d'une gamme diatonique en intercalant, partout où il y a l'espace d'un ton, une altération portant le nom de la note précédente.

Exemple :

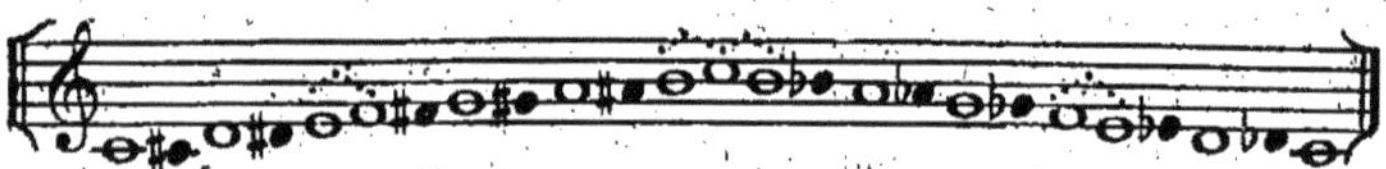

On se sert de la gamme mineure descendante à deux demi-tons (c'est-à-dire de celle qui est entièrement composée des mêmes sons que la gamme Majeure relative), pour former la gamme chromatique mineure, et dans la seconde moitié de cette gamme chromatique mineure on doit conserver en descendant les mêmes altérations qu'en montant.

Exemple :

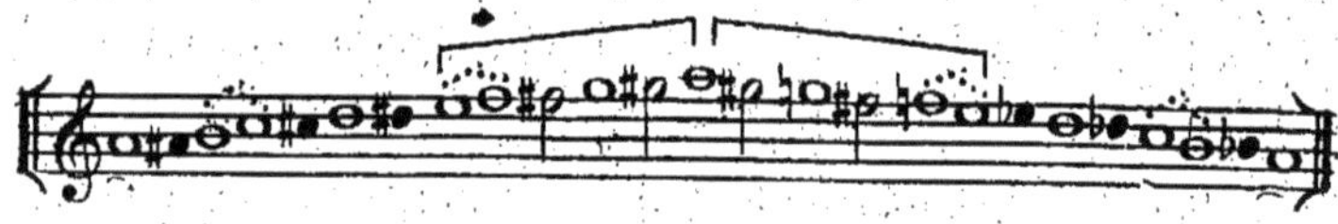

QUESTIONNAIRE

Mode. — Mode majeur et mode mineur.
Composition de la gamme mineure.
Notes modales. — Note sensible en mineur.

1. Qu'est-ce que le **mode**?
2. Combien y a-t-il de modes et quels sont-ils?
3. Quelle est la composition de la gamme mineure?

4. Qu'est-ce qui différencie les deux espèces de gammes diatoniques ?

5. Combien la gamme mineure contient-elle de demi-tons diatoniques et entre quels degrés sont-ils placés?

6. Qu'est-ce que les **notes modales** ?

7. En mineur, comment la note sensible est-elle obtenue ?

Gamme modèle mineure. — Progression des tons et des altérations dans le mode mineur. — Nombre des tons mineurs.

1. Quelle est la **gamme modèle mineure** ?

2. Dans quel ordre se produisent les tons et les altérations constitutives dans le mode mineur?

3. Combien y a-t-il de tons principaux en mineur?

Tons relatifs. — Indices servant a reconnaitre le mode.

1. Qu'est-ce que les **tons relatifs** ?

2. Chaque ton Majeur ou mineur a-t-il son relatif?

3. Par quoi deux gammes relatives diffèrent-elles?

4. Comment distingue-t-on l'un de l'autre deux tons relatifs?

Tons voisins. — Modulation.

1. Qu'est-ce que les **tons voisins** ? Pourquoi sont-ils ainsi nommés?

2. Combien un ton a-t-il de tons voisins et quels sont-ils ?

3. Qu'est-ce que la **modulation** ? Quel en est le but?

4. Par quoi la modulation est-elle déterminée ?

5. Quelles sont les modulations les plus usitées ?

GAMME CHROMATIQUE.

1. Qu'est-ce que la **gamme chromatique**?

2. Comment se forme une gamme chromatique?

DEVOIR

192. Y a-t-il plusieurs espèces de gammes diatoniques?

193. De quel mode est une gamme ayant un de ses demi-tons placés du 2e au 3e degré?

194. Quelle est la première note modale en **Si** mineur?

195. Quelle est la deuxième note modale en **Sol** mineur?

196. Ayant pour tonique **Ré**, et pour l'une des notes modales **Si**, le mode est-il Majeur ou mineur?

197. Quels tons ont pour note sensible **Mi**?

198. Entre quelles notes sont les demi-tons en **Ré** mineur?

199. Quelles notes forment les demi-tons en **Sol** Majeur et en **Sol** mineur?

200. Dans quelle gamme mineure le deuxième demi-ton est-il **Sol ♯ La**?

201. Quels degrés sont semblables dans les deux modes?

202. *a*. Quelle distance sépare la tonique de la sous-dominante en Majeur? — *b*. en mineur?

203. Quelles sont les altérations constitutives et l'altération accidentelle du 7e degré pour le ton mineur de **Fa ♯**?

204. Dans quelles gammes **Mi** est-il médiante?

205. Quelle est l'armature de deux gammes relatives?

206. A quelle distance la gamme Majeure est-elle de sa gamme relative?

207. Quel est le ton relatif de **La** Majeur?

208. Quel est le ton relatif de **La** ♭ Majeur?

209. Quel est le ton relatif de **Mi** mineur?

210. Quel est le ton relatif de **Ré** mineur?

211. Quel est le ton relatif de la gamme Majeure ayant **La** pour dominante?

212. Quel est le ton relatif de la gamme Majeure ayant **La** ♯ pour note sensible?

213. Quel est le ton relatif de la gamme mineure ayant **Si** pour dominante?

214. Quel est le ton relatif de la gamme mineure ayant **Si** ♮ pour note sensible?

215. Quelle est la médiante du ton relatif de **Si** ♭ ?

216. Par quelle note diffèrent deux tons relatifs ayant 4 ♭ pour commune armature?

217. Quels sont les tons voisins du ton de **Ré** Majeur?

218. Que devient la note sensible de **Si** ♭, si on module en **Fa** Majeur?

219. Où place-t-on les altérations dans la modulation?

220. *a*. Écrivez la gamme chromatique de **Sol** Majeur? — *b*. de **Ré** mineur?

CHAPITRE IX

ABRÉVIATIONS

1. Les **abréviations** sont des signes adoptés dans la notation afin d'éviter la répétition des mêmes groupes de notes ou celle de certains signes de valeur.

2. Les abréviations rendent, en les simplifiant, l'écriture et la lecture plus faciles et plus rapides.

3. Les principales abréviations sont les suivantes :

Il y a encore d'autres abréviations :

Le silence de plusieurs mesures : 12 [1];

Certains signes ou chiffres indicateurs dans les mesures : ₵, 2, 3, C, 4 [2];

---

(1) Chapitre II. *Silences*, § 8.
(2) Chapitre IV. *Chiffres indicateurs*, § 12.

Les signes représentant :

Le **groupe**, ∾ (trois ou quatre notes brèves précédant ou suivant une note principale),

Ex. :  ;

le **mordant**, ~, ~ (deux notes brèves conjointes précédant une note principale),

Ex. :  ;

le **trille**, *tr* ~~ (deux notes conjointes, — une note principale et sa note supérieure, — répétées alternativement),

Ex. : 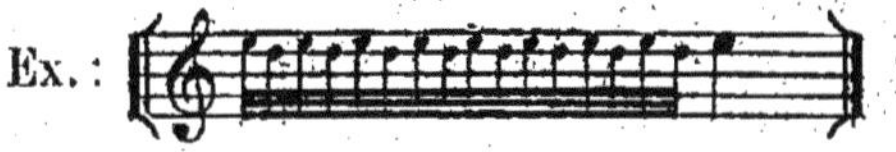 ;

puis la **reprise :** 𝄆 𝄇 (partie d'un morceau devant être dite deux fois) ;

le **renvoi :** 𝄋 (autre signe de reprise : au deuxième signe, retour à celui qui précède) ; et le **Da Capo :** D. C. (autre renvoi indiquant le retour au commencement du morceau).

QUESTIONNAIRE

Abréviations.

1. Qu'est-ce que les **abréviations** ?
2. Quelle est l'utilité des abréviations ?
3. Quelles sont les principales abréviations ?

DEVOIR

221. Écrivez un signe d'abréviation représentant des silences?

222. Écrivez un des signes d'abréviation ayant rapport à l'indication des mesures?

223. Par quel signe représente-t-on le trille?

224. Écrivez un signe de renvoi?

225. Par quel signe indique-t-on le retour au commencement du morceau?

DEVOIR—RÉCAPITULATION

226. Sur quelles lignes de la portée ne peut-on pas placer de 𝄢?

227. Combien deux 𝅗𝅥. valent-elles de 𝅘𝅥𝅯?

228. Que vaut un 𝅘𝅥𝅮𝅘𝅥𝅮𝅘𝅥𝅮 (3) dans une mesure à $\frac{2}{8}$?

229. De quelle espèce d'intervalles l'8[ve] Juste fait-elle partie?

230. Formez sur **La** un demi-ton chromatique?

231. Qu'est-ce qu'une mesure à $\frac{3}{2}$?

232. Quels sont les demi-tons dans la gamme de **Fa** Majeur?

233. Quelle est la plus usitée des mesures simples à quatre temps?

234. Quel intervalle y a-t-il de **Sol** à **Ré**?

235. Par quels chiffres indicateurs peut-on représenter trois 𝅘𝅥𝅯?

236. Quelles sont les mesures simples à deux temps les moins usitées?

237. De quelle espèce d'intervalles la 10e fait-elle partie?

238. Quelle est la médiante en **Ut** mineur?

239. A combien de temps se bat une mesure à $\frac{9}{8}$?

240. Sur quelle ligne de la portée ne peut-on pas placer de 𝄡?

241. Combien un 𝄾. vaut-il de 𝄿 ?

242. Où place-t-on le x ?

243. Qu'est-ce qu'une mesure à $\frac{6}{8}$?

244. Quel intervalle y a-t-il de **Ré** à **Sol** ?

245. Formez sur **La** ♯ un demi-ton diatonique ?

246. Quelle est la plus usitée des mesures composées à quatre temps ?

247. Quels sont les demi-tons dans la gamme de **Fa** mineur?

248. Qu'est-ce qu'une 5te ?

249. Quel est le ton relatif de **Mi** Majeur?

250. Quelles sont les mesures simples à trois temps les moins usitées?

251. Combien y a-t-il de 𝄞 actuellement?

252. Combien une 𝅘𝅥𝅯. vaut-elle de 𝄿 ?

253. Que vaut une ♪ dans une mesure à $\frac{6}{8}$?

254. Le ♮ détruit-il l'effet du x ?

255. Quelle est la 6te Majeure de **Ré** ?

256. Qu'est-ce qu'une mesure à $\frac{12}{8}$?

257. Formez sur **Si** ♭ un demi-ton chromatique ?

258. Quels sont les demi-tons et la note sensible dans la gamme de **Ré** Majeur ?

259. Comment indique-t-on le plus généralement la mesure à $\frac{4}{4}$?

260. Qu'est-ce que la tonique ?

261. Y a-t-il des abréviations pour les chiffres indicateurs des mesures composées ?

262. Quelle est, des deux 𝄢:, celle qui est la plus usitée ?

263. Combien trois 𝅘𝅥𝅯 valent-elles de 𝅘𝅥𝅮. ?

264. Que valent trois 𝅘𝅥𝅮 dans une mesure à $\frac{9}{8}$?

265. Où place-t-on le 𝄫 ?

266. Quel est le ton relatif de **Si** ♭ mineur ?

267. Qu'est-ce qu'une mesure à $\frac{3}{4}$?

268. Quelle est la 7e mineure inférieure d'**Ut** ?

269. Formez sur **Ré** ♯ un demi-ton diatonique?

270. Quels sont les demi-tons et la dominante dans la gamme de **Fa** majeur ?

271. Quelles sont les mesures simples à trois temps les plus usitées ?

272. Par quelles notes le ton d'**Ut** mineur diffère-t-il de celui d'**Ut** Majeur?

273. De quelles notes sont formés les demi-tons en **Mi** mineur ?

274. Quelles sont les mesures à quatre temps pouvant s'indiquer par des abréviations ?

275. Quelles sont les clés les moins usitées ?

276. Combien six 𝅘𝅥𝅮 valent-elles de 𝅘𝅥. ?

277. Que vaut une 𝅘𝅥. dans une mesure à $\frac{12}{8}$?

278. Quelle est la durée d'une altération accidentelle ?

279. Quelle est la 4te Juste de **La** ?

280. Comment peut-on chiffrer une mesure ayant une 𝅘𝅥 par temps?

281. Nommez les notes formant les demi-tons entre **Sol** et **La** ?

282. Quels sont les demi-tons et la médiante en **Ré** mineur ?

283. Quelles sont les mesures composées à deux temps les plus usitées ?

284. Quel est le ton relatif de **Si** ♭ Majeur ?

285. Qu'est-ce que la dominante ?

286. Comment indique-t-on le plus généralement la mesure à $\frac{2}{2}$?

287. En 𝄡 1re, comment se nomme la note placée sur la première ligne de la portée ?

288. Comment, en silences, écrit-on la valeur d'une ♩. ?

289. Que valent six 𝅘𝅥𝅯 dans une mesure à $\frac{3}{4}$?

290. De quelle espèce sont les altérations placées à la clé ?

291. Comment peut-on chiffrer une mesure ayant une ♩. par temps ?

292. Nommez tous les demi-tons dont la note **Sol** fait partie ?

293. Quelle est la 5te Juste de **Si** ?

294. Quels sont les demi-tons, la médiante, la dominante et la note sensible en **Mi** mineur ?

295. Quels chiffres rencontre-t-on comme abréviations dans les chiffres indicateurs des mesures ?

296. Quel est le ton relatif d'**Ut** ♯ mineur ?

297. Quel intervalle y a-t-il du 6e au 7e degré en mineur ?

298. De quelles notes sont formés les demi-tons en **Si** mineur ?

299. Quelles sont les mesures composées à quatre temps les moins usitées ?

300. A quelle distance le ton mineur est-il de son relatif Majeur ?

301. Comment se nomme un intervalle formé de six degrés différents ?

302. Quel est le ton relatif de **Fa** Majeur ?

303. Quelles clés place-t-on sur la deuxième ligne de la portée ?

304. Que valent trois 𝅘𝅥𝅯𝅘𝅥𝅯𝅘𝅥𝅯 (3) dans une mesure à $\frac{3}{2}$?

305. Combien y a-t-il de demi-tons chromatiques entre une note doublement bémolisée et cette même note doublement diésée ?

306. Quel est le silence de l'unité de temps dans la mesure à $\frac{6}{16}$?

307. Écrivez la 7e Majeure supérieure et la 7e Majeure inférieure de la note **Fa** ?

308. Comment peut-on chiffrer une mesure ayant une 𝅘𝅥𝅯 par tiers de temps ?

309. Indiquez tous les demi-tons dont la note **Si** ♭ fait partie ?

310. Quelle est la note sensible en **La** mineur ?

311. Parmi les mesures les moins usitées en est-il qui puissent s'indiquer par des abréviations ?

312. Quelle est l'unité de mesure de la mesure à $\frac{4}{4}$?

313. Qu'est-ce qu'une 11e ?

314. De quelles notes sont formés les demi-tons dans la gamme de **Si** ♭ Majeur ?

315. L'altération du 7e degré en mineur se place-t-elle à la clé ?

316. Quelle est la note sensible en **Ut** mineur ?

317. Quelles sont les altérations constitutives en **Sol** ♯ mineur ?

318. En quels tons peut-on être avec **Do** comme médiante ?

319. Quel est le renversement d'une 3ce Majeure ?

320. Quelle est l'armature du ton relatif de **Fa** mineur ?

321. Dans quels tons module-t-on le plus souvent ?

322. A quelle distance la première note modale est-elle de la tonique ?

323. Dans la gamme mineure à trois demi-tons, devant quel degré y a-t-il une altération accidentelle ?

324. Quel est le silence d'une mesure à $\frac{2}{8}$?

325. Avec cinq ♯ à l'armature, quelle est l'altération du 7e degré ?

FIN DU PREMIER LIVRE

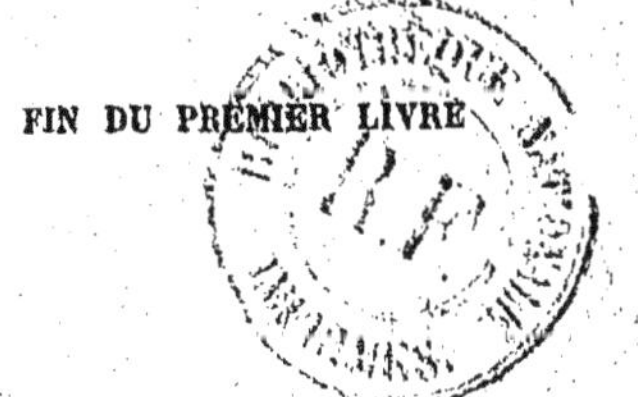

TABLE

CHAPITRE VI

INTERVALLES

CHAPITRE VII

TONALITÉ

CHAPITRE VIII

MODE

CHAPITRE IX

ABRÉVIATIONS

EXTRAIT DU CATALOGUE

MACKAR & NOËL

ÉDITEURS-COMMISSIONNAIRES

Paris, 22, passage des Panoramas (Gde galerie), Paris.

Propriétaires des **Archives du Piano**, de la **Méthode A. Le Carpentier**, des œuvres de **Tschaïkowsky**, **Gottschalk**, **Rubinstein**, etc.

OUVRAGES D'ENSEIGNEMENT

ADOPTÉS PAR LES CONSERVATOIRES

(F.) Facile. — (M. D.) Moyenne difficulté. — (D.) Difficile. — (T. D.) Très difficile.

Aulagnier (A.). A. B. C. de l'Harmonie... *net.* 3 »

Cahen (E.). Études de salon. *M.D.* 10 »

Chauvet (A.). Quinze études préparatoires à Bach. *M.D.* 10 »

Guelenaere. Méthode pour apprendre à solfier simultanément dans toutes les clés... *net.* 2 »

Decombes (E.). Gammes en tierces... 5 »

— Trente-six solos extraits des concertos des maîtres *D.* Chaque... 5 »

Delaborde. Douze petits préludes servant d'études pour la lecture. *M.D.* Chaque. 5 »

Donne (L.). Théorie musicale; cours élémentaire; questionnaire... *net.* » 75

— Réponses... *net.* » 75

Durand (E.). Solfège élémentaire et progressif avec accompagnement de piano. (Inscrit sur la liste des ouvrages fournis gratuitement par la Ville de Paris à ses écoles communales)... *net.* 6 »

— — cartonnage... *net.* » 30

— Le même sans accompagnement... *net.* 2 »

— — cartonnage... *net.* » 25

— Questionnaire, marchant parallèlement avec le solfège précédent... *net.* » 50

— Leçons de solfège pour les voix graves d'enfant correspondant aux exercices du même solfège... *net.* 1 »

— Solfège à deux voix égales (clé de *sol*) élémentaire et progressif avec accompagnement de piano... *net.* 6 »

— — cartonnage... *net.* » 30

— Le même sans accompagnement... *net.* 2 50

— — cartonnage... *net.* » 25

Durand (E.). Solfège mélodique et progressif pour l'étude des trois clés d'*ut* usitées, avec accompagnement de piano, faisant suite au solfège élémentaire......*net.* 6 »
— — cartonnage.....*net.* » 30
— Le même, sans accompagnement..............*net.* 2 »
— — cartonnage.....*net.* » 25
— Traité de transposition au piano (théorique et pratique)...............*net.* 5 »

Duvernoy (H.). Trente-six leçons de solfège à changements de clés avec accompagnement de piano..... 30 »

Hilman (Van). A. B. C. du piano, petite méthode écrite en gros caractères.......... 6 »

Kelly (J.-O.). Vingt-cinq études récréatives très chantantes : premier cahier. *F*... 15 »
— Vingt-cinq études de mécanisme et de style : deuxième cahier faisant suite au premier. *M.D.*............ 15 »

Lack (Th.). La Légèreté, études du mécanisme. *M.D.*..... 12 »
— Douze études élégantes. *D.*.. 15 »
— Études de Bravoure. *T.D.*... 25 »

Lacout. Petite vélocité. *F.*...... 12 »

Lavignac (A.). École de la pédale du piano, suivie de douze études spéciales. *D.*..*net.* 15 »
— Dix préludes réunis. *M.D.net.* 10 »

Le Carpentier. Méthode de piano pour les enfants (51e édition)............... 12 »
— Gammes extraites de la méthode........................ 5 »

Marty (A.). L'Art de la Pédale du Grand Orgue (à César Franck)..........*net.* 5 »

Maury (Renaud). Leçons de solfège à changement de clés composées pour les examens supérieurs de chant de la Ville de Paris...............*net.* 1 50

— Solfège manuscrit à changements de clés, dédié à Ambroise Thomas.....*net.* 6 »

Muller (L.). Dix préludes, impromptus..................... 7 50

Pfeiffer. Gammes. Doigtés simplifiés des gammes en tierces diatoniques et chromatiques.................... 5 »
— Six études. *D.*..........*net.* 6 »

Roques (E.). Études mélodiques en octaves.................. 10 »

Rougnon (P.). Quarante leçons de solfège à changements de clés progressives et manuscrites. Volume préparatoire aux examens et aux concours des conservatoires et de la Ville de Paris. *M.D.*.........*net.* 6 »
— Solfège manuscrit (Premier volume). *D.*..........*net.* 6 »
— — (Deuxième vol.). *D.net.* 6 »
— Quinze études de style et de mécanisme.................. 10 »

Rubinstein (A.). Six études (op. 23).................... 20 »

Sieg (C.). Op. 41. Gammes harmoniques en gammes par accords. (Ouvrage adopté par les écoles normales). 5e édition..................... 2 »

Simon (M.). Exercices d'articulation vocale pour solfier avec clarté et rapidité. *net.* 1 50
— Cours élémentaire, théorique et pratique des principes de la musique.........*net.* 1 »
— Corrigé des devoirs du cours élémentaire théorique et pratique des principes de la musique...........*net.* » 50
— Cours complet, théorique et pratique des principes de la musique...........*net.* 5 »
— Réponse au questionnaire-application du cours complet, des principes de la musique..............*net.* 2 50

PARIS. — IMPRIMERIE CHAIX, 20, RUE BERGÈRE. — 13706-7-90.

www.ingramcontent.com/pod-product-compliance
Ingram Content Group UK Ltd.
Pitfield, Milton Keynes, MK11 3LW, UK
UKHW021108260726
13994UKWH00002B/787